财政部规划教材

会计基础
习题集（第二版）

主　编　沈豫琼
副主编　胡悦晖　陈泠元
参　编　尹湘萍　曾　浩
　　　　丁　良　文　昕

中国财经出版传媒集团
中国财政经济出版社

图书在版编目（CIP）数据

会计基础习题集/沈豫琼主编.—2版.—北京：中国财政经济出版社，2019.8

财政部规划教材

ISBN 978-7-5095-9194-9

Ⅰ.①会… Ⅱ.①沈… Ⅲ.①会计学-高等职业教育-习题集 Ⅳ.①F230-44

中国版本图书馆 CIP 数据核字(2019)第186798号

责任编辑：陈 冰 叶 彤
封面设计：构远设计

中国财政经济出版社 出版

URL：http://www.cfeph.cn

E-mail：cfeph@cfeph.cn

（版权所有 翻印必究）

社址：北京市海淀区阜成路甲28号 邮政编码：100142
营销中心电话：010-88191537 北京财经书店电话：64033436 84041336
北京中兴印刷有限公司印刷 各地新华书店经销
787×1092毫米 16开 6.25印张 150 000字
2019年8月第2版 2020年8月北京第2次印刷
定价：16.00元
ISBN 978-7-5095-9194-9
（图书出现印装问题，本社负责调换）
本社质量投诉电话：010-88190744
打击盗版举报热线：010-88191661 QQ：2242791300

编写说明

本书是财政部规划教材、全国财政职业教育教学指导委员会推荐教材，由财政部教材编审委员会组织编写并审定，作为全国高职高专院校财经类教材使用。

"会计基础"是会计专业的骨干课程，也是会计专业的必修课程，是学习"财务会计""成本会计"等课程的基础。本书是财政部规划全国高等职业学校财经类教材《会计基础》的配套习题集，与《会计基础》教学内容紧紧相扣，可起到同步学习、即时巩固所学知识的作用。

为更好地融"教、学、做"为一体，本书按任务进行编排，以"必须、够用"为原则选定内容，包括名词解释、简答题、单选题、多选题、判断题、业务题六种常用题型，旨在强化会计基础职业知识的习得和基础职业技能的养成。注重学生基本理论、基本方法、基本操作技能的掌握，强调业务处理能力的培养，为学习和理解后续课程打好扎实的基础。

本书适用于高职高专的会计、会计信息化、财务管理、金融、审计、市场营销等经济管理类各专业学生学习会计基础课程时使用，也可作为高职高专学生会计专业专升本考试练习用书，还可作为在职会计人员培训和自学者参考练习用书。

本书由沈豫琼担任主编，并对全书进行总纂和定稿。具体编写分工如下：模块一由陈泠元负责编写；模块二中任务一由胡悦晖负责编写；任务二由胡悦晖和曾浩负责编写，其中"借贷记账法的运用"由曾浩编写；任务三、任务四由丁良负责编写；任务五、任务六由尹湘萍负责编写；任务七由沈豫琼负责编写；模块三由文昕负责编写。

用书学校任课教师若需要本习题集的答案，请以电子邮件的形式向中国财政经济出版社索取(请注明:学校、全书名、主编),E-mail:caijingjiaocai@163.com。

由于编者水平有限,疏漏之处在所难免,敬请读者提出宝贵意见。

编　者

2019 年 8 月

目 录

模块一　认识会计 ……………………………………………………………………（1）

模块二　会计核算方法 ………………………………………………………………（9）
　　任务一　设置账户 …………………………………………………………………（9）
　　任务二　复式记账 …………………………………………………………………（16）
　　任务三　填制和审核会计凭证 ……………………………………………………（21）
　　任务四　主要经济业务的核算—以小型制造业企业为例 ………………………（26）
　　任务五　登记会计账簿 ……………………………………………………………（54）
　　任务六　成本计算 …………………………………………………………………（64）
　　任务七　财产清查 …………………………………………………………………（69）
　　任务八　编制财务会计报告 ………………………………………………………（77）

模块三　账务处理程序 ………………………………………………………………（86）

模块一 Part 1
认识会计

 名词解释

1. 有限责任公司

2. 股份有限公司

3. 会计对象

4. 权责发生制

5. 收付实现制

 简答题

1. 什么是会计要素？简述我国《企业会计准则》对会计要素是如何划分的。

2. 什么是会计核算的基本前提？会计核算的基本前提包括哪些？

 单项选择题

1. 形成权责发生制和收付实现制不同的记账基础，进而出现应收、应付、预收、预付、折旧、摊销等会计处理方法所依据的会计基本假设是（　　）。

　　A. 货币计量　　　　　　　　　　　　B. 会计主体

  C. 持续计量   D. 会计分期

2. 在会计核算的基本前提中，确定会计核算空间范围的是（　　）。
  A. 会计主体   B. 持续经营
  C. 会计分期   D. 货币计量

3. （　　）是会计对象的具体化，是按照经济特征对会计对象的基本分类。
  A. 会计要素   B. 会计账户
  C. 会计科目   D. 会计目标

4. 下列选项中错误的是（　　）。
  A. 有限责任公司的股东以其出资额为限对公司的债务承担责任
  B. 有限责任公司的资本不必分为等额股份
  C. 有限责任公司的股东人数可以没有上限
  D. 有限责任公司由发起人集资，不公开发行股票募集资本

5. 会计的基本职能是（　　）。
  A. 控制与监督   B. 核算与监督
  C. 预测与决策   D. 反映与评价

6. 会计以（　　）为主要计量形式。
  A. 实物计量   B. 货币计量
  C. 时间计量   D. 劳动量计量

7. 下列关于会计核算具体内容的表述中，不正确的是（　　）。
  A. 款项和有价证券的收付   B. 财务的收发增减和使用
  C. 债权债务的发生和结算   D. 经济纠纷的谈判

8. 下列各项中，不属于企业收入的是（　　）。
  A. 提供劳务收入   B. 销售商品收入
  C. 租金收入   D. 代收款项

9. 下列资产中属于企业流动资产的是（　　）。
  A. 专利权   B. 厂房
  C. 存货   D. 机器设备

10. 企业所拥有的资产从来源来看，一部分属于投资者，一部分属于（　　）。
  A. 企业法人   B. 债权人
  C. 债务人   D. 企业职工

11. 负债是指企业由于过去交易或事项形成的（　　）。
  A. 现时义务   B. 将来义务
  C. 过去义务   D. 永久义务

12. 企业以银行存款偿还短期债务，表现为（　　）。
  A. 一项资产增加，另一项资产减少   B. 一项资产减少，一项负债增加
  C. 一项资产减少，一项负债减少   D. 一项负债减少，另一项负债减少

13. 未分配利润属于会计要素中（　　）的内容。
  A. 资产   B. 收入
  C. 负债   D. 所有者权益

14. 某企业资产总额为 500 万元，负债总额为 200 万元，以银行存款 50 万元偿还借款，并以银行存款 100 万元购买存货后，该企业资产总额为（   ）万元。
    A. 400   B. 450
    C. 300   D. 600

15. 下列会计处理方法中，符合权责发生制基础的是（   ）。
    A. 销售产品的收入只有在收到款项时才予确认
    B. 产品已销售，货款未收到也应确认收入
    C. 厂房租金只有在支付时才计入当期费用
    D. 职工薪酬只能在支付给职工时才计入当期费用

16. 我国《公司法》规定，公司的最高权利机构为（   ）。
    A. 股东大会   B. 董事会
    C. 监事会   D. 管理层

17. 下列各项中，不应确认为期间费用的是（   ）。
    A. 制造费用   B. 管理费用
    C. 财务费用   D. 销售费用

18. 下列经济业务中，会引起资产和所有者权益同时增加的是（   ）。
    A. 向银行借款并存入银行   B. 收到投资者投入的固定资产
    C. 以转账支票归还长期借款   D. 以银行存款购买原材料

19. 下列各项中，属于复式记账的理论基础，同时也是编制资产负债表的理论依据的是（   ）。
    A. 会计科目   B. 资产 = 负债 + 所有者权益
    C. 账户   D. 收入 − 费用 = 利润

20. 下列各项中，不属于企业资产的有（   ）。
    A. 融资租入的设备   B. 经营租出的车辆
    C. 非专利技术   D. 股本

多项选择题

1. 下列（   ）选项符合股份有限公司的特点。
    A. 股份有限公司的股票可以自由转让
    B. 股东一定直接参与公司的日常经营管理
    C. 股份有限公司将资本总额划分为若干相等的股份
    D. 股份有限公司可以采取公开发行股票的方式向社会公众募集资金

2. 下列各项经济活动中，属于企业资金退出的有（   ）。
    A. 偿还各项债务   B. 上缴各种税金
    C. 支付生产工人的工资   D. 向所有者分配利润

3. 会计核算具有（   ）的特点。
    A. 准确性   B. 完整性

  C. 连续性   D. 系统性

4. 下列各项中，属于会计拓展职能的有（　　　）。
  A. 预测经济前景   B. 参与经济决策
  C. 评价经营业绩   D. 人事变动管理

5. 下列各项中，应确认为企业资产的有（　　　）。
  A. 购入的无形资产   B. 已霉烂变质无使用价值的存货
  C. 融资租入的固定资产   D. 计划下个月购入的原材料

6. 下列各项中，反映企业经营成果的会计要素有（　　　）。
  A. 利润   B. 费用
  C. 收入   D. 所有者权益

7. 下列说法正确的有（　　　）。
  A. 所有者权益是一种剩余权益
  B. 所有者权益也称净资产
  C. 所有者权益的金额等于资产减去负债后的余额
  D. 所有者权益包括实收资本（股本）、资本公积、盈余公积和未分配利润等

8. 下列各项中，反映企业财务状况的会计要素有（　　　）。
  A. 利润   B. 资产
  C. 负债   D. 所有者权益

9. 下列各项属于资产的有（　　　）。
  A. 预收账款   B. 应付账款
  C. 应收账款   D. 预付账款

10. 以下有关"资产＝负债＋所有者权益"等式表述正确的有（　　　）。
  A. 是编制资产负债表的理论基础
  B. 表明了企业一定时期的财务状况
  C. 也称为静态会计等式
  D. 反映了资产、负债、所有者权益三要素之间的内在联系和数量关系

11. 在借贷记账法下，关于经济业务对会计等式的影响，下列说法正确的有（　　　）。
  A. 权益内部有增有减，资产总额不变   B. 资产与权益同时增加，资产总额增加
  C. 资产内部有增有减，资产总额不变   D. 资产与权益同时减少，资产总额不变

12. 以下有关"收入－费用＝利润"等式表述正确的有（　　　）。
  A. 是编制利润表的理论基础
  B. 体现了企业某一时点的经营成果
  C. 也称为动态会计等式
  D. 若利润为正，则企业盈利；若利润为负，则企业亏损

13. 根据《企业会计准则——基本准则》的规定，称为会计中期的有（　　　）。
  A. 半年度   B. 季度
  C. 月度   D. 年度

14. 谨慎性要求会计人员在选择会计处理方法时要（　　　）。
  A. 不高估资产或者收益   B. 不低估负债或者费用

  C. 确认任何可能的收益   D. 确认一切可能发生的损失
15. 下列各项中，属于会计核算方法的有（   ）。
  A. 填制与审核会计凭证   B. 登记会计账簿
  C. 计算成本   D. 编制财务会计报告
16. 下列可以作为会计主体的有（   ）。
  A. 企业集团   B. 分公司
  C. 母公司   D. 子公司
17. 下列选项属于非流动负债的有（   ）。
  A. 长期借款   B. 应付债券
  C. 应付股利   D. 长期应付款
18. 根据重要性不同，即经营业务的主次分类，企业的收入分为（   ）。
  A. 主营业务收入   B. 其他业务收入
  C. 销售商品收入   D. 提供劳务收入
19. 根据权责发生制，下列选项应计入本期收入和费用的有（   ）。
  A. 前期提供劳务未收款，本期收款   B. 本期销售商品一批，尚未收款
  C. 本期耗用的水电费，尚未支付   D. 预付下一年的报刊费
20. 以制造业为例，下列（   ）选项应计入其他业务收入。
  A. 出租固定资产取得的收入   B. 出售固定资产取得的净收益
  C. 销售多余原材料取得的收入   D. 销售商品取得的收入

判断题

1. 法人可以作为会计主体，但会计主体不一定是法人。（   ）
2. 权责发生制属于会计基本假设之一。（   ）
3. 会计目标不是一成不变的，而是随着社会经济环境的变化而变化。（   ）
4. 会计监督是指对特定主体所发生的经济活动和相关会计核算进行准确性、合理性和合法性的监督检查。（   ）
5. 企业取得了收入，会表现为资产的增加或负债的减少，或者两者兼而有之。（   ）
6. 资产一定要具有实物形态。（   ）
7. 收入包括主营业务收入、其他业务收入和营业外收入。（   ）
8. 企业收回以前的销货款存入银行，这笔业务的发生意味着资产总额的增加。（   ）
9. 会计监督的合法性审查主要是检查各项财务收支是否符合特定对象的财务收支计划，是否有利于预算目标的实现。（   ）
10. 企业从银行提取 1 000 元现金后，企业的资产总额不会发生变化。（   ）
11. 实质重于形式要求企业应当按交易或者事项的经济实质进行会计确认、计量和报告，不仅仅以交易或者事项的法律形式为依据。（   ）
12. 当收入大于费用时，企业盈利，最终会导致所有者权益的增加。（   ）
13. 填制与审核会计凭证是会计核算工作的起点。（   ）

14. 费用包括生产费用和期间费用。（   ）
15. 所有者权益是一种剩余权益，只有负债的要求权得到清偿后，所有者权益才能够被清偿。（   ）
16. 通过成本计算，可以查明各项财产物资的保管和使用情况以及各种结算款项的执行情况。（   ）
17. 收入是指企业在日常活动中形成，会导致所有者权益增加的，与所有者投入资本有关的经济利益的总流入。（   ）
18. 企业的投资活动包括内部和外部投资，其中内部投资主要包括在厂房、设备、配套物资等方面的投资，是企业为生产经营活动做准备的供应过程。（   ）
19. 有一定数额的资产必然有一定数额的权益，有一定数额的权益也必定有一定数额的资产。（   ）
20. 《簿记论》的问世，标志着会计开始作为一种专门职业而存在。（   ）

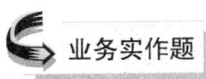

业务实作题

1. 甲公司 6 月份发生下列经济业务：
(1) 销售 A 产品一批，货款 50 000 元，其中 30 000 元已收到并存入银行，尚有 20 000 元未收到。
(2) 收到上月为外单位提供劳务的收入 5 000 元。
(3) 预付下半年房租 40 000 元。
(4) 支付上月水电费 600 元。
(5) 预收 B 产品销售货款 18 000 元。
(6) 本月应计劳务收入 8 000 元尚未收到。
(7) 本月应承担年初已支付的保险费 2 000 元。
(8) 用现金支付本月广告费用 1 000 元。
要求：分别按权责发生制和收付实现制计算甲公司 6 月份的收入和费用的金额。

2. 甲公司本年 12 月 31 日的资产、负债、所有者权益情况如下表所示。

项目	金额	资产	负债	所有者权益
库存现金	600	600		
银行存款	95 000	95 000		
车间厂房	280 000	280 000		
机器设备	330 000	330 000		
运输设备	250 000	250 000		
存放的产品	75 000	75 000		
车间正在加工的产品	86 500	86 500		
存放的材料	85 000	85 000		
投资者投入的资本	800 000			800 000
应付的材料款	142 000		142 000	
应交未交的税金	6 570		6 570	
向银行借入的短期借款	72 000		72 000	
应收的销货款	115 000	115 000		
采购员预借的差旅费	2 000	2 000		
商标权	250 000	250 000		
发行的企业债券	317 000		317 000	
非专利技术	95 000	95 000		
盈余公积	68 530			68 530
未分配利润	258 000			258 000
合计		1 664 100	537 570	1 126 530

要求：确定上述项目应属于资产、负债还是所有者权益，将相应的金额填入表格内，并分别加计资产、负债和所有者权益金额，验证资产和权益是否相等。

模块二 Part 2
会计核算方法

任务一 设置账户

名词解释

1. 会计科目

2. 总分类科目

3. 明细分类科目

4. 账户

简答题

1. 简述会计科目与账户的关系。

2. 简述账户通常包括的内容。

单项选择题

1. 下列科目中,不属于流动负债科目的是(　　)。
　　A."应付票据"　　　　　　　　B."应付利息"
　　C."应付股利"　　　　　　　　D."应付债券"

2. 下列账户中，不属于流动资产账户的是（　　）。
   A. "原材料"　　　　　　　　　　B. "预付账款"
   C. "库存商品"　　　　　　　　　D. "预收账款"
3. 有关会计科目与账户之间的关系，下列表述不正确的是（　　）。
   A. 两者口径一致
   B. 性质相同，没有会计科目，账户就缺少了设置的依据
   C. 会计科目是账户的具体运用
   D. 在实际工作中两者是相互通用的
4. 以下有关账户概念的表述中，不正确的是（　　）。
   A. 账户是根据会计科目设置的
   B. 账户具有一定格式和结构
   C. 账户是用来分类反映会计要素增减变动情况及其结果的载体
   D. 账户不具有格式和结构
5. 账户设置的依据是（　　）。
   A. 会计科目　　　　　　　　　　B. 会计要素
   C. 会计对象　　　　　　　　　　D. 会计主体
6. 以下有关账户的阐述中，正确的是（　　）。
   A. 总账是提供明细核算资料的指标，它是对明细分类账户的具体化和补充说明
   B. 明细分类账户的核算，除了用货币计量以外，必要时还需要使用劳动量单位等来计量
   C. 明细分类账户可以提供总括核算资料和指标，是对其所隶属总分类账户资料的综合
   D. 总账与明细分类账两者之间没有任何关系
7. "财务费用"账户所属性质是（　　）。
   A. 所有者权益类　　　　　　　　B. 成本类
   C. 负债类　　　　　　　　　　　D. 损益类
8. 已知"实收资本"账户期初余额118 000元，本期增加方发生额20 000元，期末余额100 000元，则该账户本期减少方发生额为（　　）元。
   A. 38 000　　　　　　　　　　　B. 198 000
   C. 2 000　　　　　　　　　　　　D. 238 000
9. 下列各项中，不属于负债类科目的是（　　）。
   A. "应付职工薪酬"　　　　　　　B. "预收账款"
   C. "利润分配"　　　　　　　　　D. "应付账款"
10. 在制造企业中，用来反映生产耗费的会计科目是（　　）。
    A. "本年利润"　　　　　　　　　B. "原材料"
    C. "材料采购"　　　　　　　　　D. "生产成本"
11. 根据会计科目所属会计要素分类，下列各项中，至少有两个科目归属于资产要素的是（　　）。
    A. "预付账款""预收账款""应收股利""生产成本"
    B. "本年利润""应付职工薪酬""制造费用""营业外收入"

C."应交税费""资本公积""原材料""投资收益"
D."盈余公积""其他应付款""待处理财产损溢""主营业务成本"

12. 下列各项中,既属于费用要素又属于损益类科目的是（　　）。
    A. 制造费用　　　　　　　　　B. 库存商品
    C. 生产成本　　　　　　　　　D. 销售费用

13. 以生产或销售商品为主要业务的企业,销售商品产生的收入应记入的科目是（　　）。
    A."营业外收入"　　　　　　　B."投资收益"
    C."其他业务收入"　　　　　　D."主营业务收入"

14. 总分类科目和明细分类科目,是按照反映经济信息（　　）不同进行的分类。
    A. 内容多少　　　　　　　　　B. 用途范围
    C. 详细程度　　　　　　　　　D. 结构繁简

15. 会计科目与会计账户的根本区别是（　　）。
    A. 名称不同　　　　　　　　　B. 有无结构
    C. 有无方向　　　　　　　　　D. 反映经济内容不同

16. 某企业设置了"原材料——燃料——焦炭"会计科目,在此科目中,"燃料"属于（　　）。
    A. 一级明细科目　　　　　　　B. 三级明细科目
    C. 二级明细科目　　　　　　　D. 总分类科目

17. 下列各项中,不属于收入的是（　　）。
    A. 销售材料的收入　　　　　　B. 营业外收入
    C. 提供劳务的收入　　　　　　D. 固定资产租金收入

18. 下列各项中,不属于产品成本的是（　　）。
    A. 制造费用　　　　　　　　　B. 管理费用
    C. 直接材料费用　　　　　　　D. 直接人工费用

19. 所设置的会计科目应符合单位自身特点,满足单位实际需要,这一点符合（　　）原则。
    A. 实用性　　　　　　　　　　B. 合法性
    C. 谨慎性　　　　　　　　　　D. 相关性

20. 会计账户的四个金额要素是（　　）。
    A. 期末余额,本期发生额,期初余额,本期余额
    B. 期初余额,本期增加发生额,本期减少发生额,期末余额
    C. 期初余额,期末余额,本期借方增加额,本期借方减少额
    D. 期初余额,本期增加发生额,本期减少发生额,本期发生额

多项选择题

1. 下列关于会计科目的表述中,正确的有（　　）。
    A. 会计科目按其提供信息的详细程度及其统驭关系,可以分为总分类科目和明细分类科目

B. 总分类科目是对会计要素的具体内容进行总括分类，提供总括信息的会计科目
C. 明细分类科目是对总分类科目作进一步分类，提供更详细具体会计信息的科目
D. 企业在任何情况下都不能对明细科目再进一步分级设置二级科目或三级科目

2. 下列不属于成本类科目的有（　　）。
   A. "生产成本"　　　　　　　　B. "原材料"
   C. "制造费用"　　　　　　　　D. "管理费用"

3. 设置会计科目应遵循的原则包括（　　）。
   A. 合法性　　　　　　　　　　B. 相关性
   C. 实用性　　　　　　　　　　D. 可靠性

4. 下列科目中，属于二级科目的有（　　）。
   A. "应交税费——应交所得税"
   B. "应交税费——应交增值税"
   C. "应交税费——应交增值税（进项税额）"
   D. "应交税费——应交增值税（销项税额）"

5. 下列账户中，属于损益类账户的有（　　）。
   A. "主营业务成本"　　　　　　B. "所得税费用"
   C. "本年利润"　　　　　　　　D. "生产成本"

6. 下列关于会计科目设置原则的阐述中，正确的有（　　）。
   A. 合法性原则是指为了保证会计信息的可比性，所设置的会计科目应该符合国家有关法律法规的规定
   B. 相关性原则是指会计科目的设置，应为提供有关各方所需要的会计信息服务，满足对外报告和对内管理的需要
   C. 实用性原则是指在合法性的基础上，应该根据企业自身特点，设置符合企业需要的会计科目
   D. 可比性原则是指会计科目的设置，应为提供有关各方所需要的会计信息服务，满足对外报告和对内管理的需要

7. 一个完整账户的结构包括的项目有（　　）。
   A. 账户名称　　　　　　　　　B. 凭证字号
   C. 摘要　　　　　　　　　　　D. 金额

8. 下列项目中，不属于会计科目的有（　　）。
   A. 流动资产　　　　　　　　　B. 累计摊销
   C. 投资收益　　　　　　　　　D. 长期负债

9. 下列属于资产类科目的有（　　）。
   A. "应付账款"　　　　　　　　B. "累计折旧"
   C. "原材料"　　　　　　　　　D. "营业外支出"

10. 下列属于账户的金额要素的有（　　）。
    A. 期末余额　　　　　　　　　B. 期初余额
    C. 本期增加发生额　　　　　　D. 本期减少发生额

11. 下列关于总分类科目的说法，正确的有（　　　　）。
    A. 总分类科目也称一级会计科目
    B. 总分类科目是对明细分类科目进一步分类的科目
    C. 总分类科目是对会计要素具体内容进行总括分类的科目
    D. 总分类科目对明细分类科目起统驭控制的作用
12. 下列各项中，属于总分类科目的有（　　　　）。
    A. 待处理财产损溢　　　　　　　B. 实收资本
    C. 应收票据　　　　　　　　　　D. 机器设备
13. 下列账户中，期末结转后无余额的有（　　　　）。
    A. "库存商品"　　　　　　　　B. "主营业务成本"
    C. "盈余公积"　　　　　　　　D. "财务费用"
14. 会计科目按反映的经济内容，可分为（　　　　）。
    A. 资产类和负债类科目　　　　　B. 共同类和成本类科目
    C. 损益类科目　　　　　　　　　D. 所有者权益类科目
15. 下列会计科目中，属于所有者权益类科目的有（　　　　）。
    A. "预收账款"　　　　　　　　B. "实收资本"
    C. "盈余公积"　　　　　　　　D. "利润分配"

判断题

1. 会计科目是根据账户设置的，会计科目是账户的具体运用。（　　）
2. "应付账款""应付票据"和"应付债券"账户都属于流动负债账户。（　　）
3. 设置会计科目的相关性原则是指所设置的会计科目应符合单位自身特点，满足单位实际需要。（　　）
4. 在所有账户中，左方均登记增加，右方均登记减少。（　　）
5. 账户是根据会计科目设置的，具有一定格式和结构，用来分类记录会计要素增减变动情况及其结果的载体。（　　）
6. 总分类账户和明细分类账户的主要区别，是反映经济业务的详略程度不同。（　　）
7. 账户一般分为左右两方，按相反方向来记录增加额和减少额。（　　）
8. 账户的本期发生额属于动态经济指标范畴，而账户的余额属于静态经济指标范畴。（　　）
9. 不同企业以及同一企业不同会计期间，其明细账户的设立可能存在一定差异。（　　）
10. 预收账款属于流动资产的内容。（　　）
11. 会计科目的设置应遵循谨慎性原则。（　　）
12. 会计科目与同名称的会计账户反映的经济内容是相同的。（　　）
13. 明细分类科目是对总分类科目进一步分类，提供更详细、更具体的会计信息的科目。（　　）

14. 会计科目与账户是两个不同的概念，因此二者之间没有关系。（ ）
15. 会计科目是对会计对象的具体分类。（ ）
16. 总分类账户对明细分类账户具有补充说明的作用，而明细分类账户对总分类账户则具有统驭控制的作用。（ ）
17. 设置账户是会计核算的一种专门方法。（ ）
18. 为了满足管理的需要，企业的会计科目设置得越细越好。（ ）
19. 账户哪一方记录增加，哪一方记录减少，可由企业根据管理需要自行决定。（ ）
20. "营业外支出"账户属于损益类账户。（ ）

 业务实作题

计算以下账户期末余额。

银行存款			
期初余额	150 500		
本期发生额	20 000	本期发生额	60 000

应付账款			
		期初余额	35 000
本期发生额	30 000	本期发生额	50 000

实收资本	
期初余额	350 000
本期发生额	520 000

任务二 复式记账

 名词解释

1. 复式记账法

2. 借贷记账法

3. 会计分录

4. 试算平衡

 简答题

1. 如果试算平衡就可以保证记账工作准确无误吗?为什么?

单项选择题

1. 复式记账是指一项经济业务发生后,都要在(　　)相互关联的账户中,以相同的金额同时进行登记的记账方法。
   A. 一个以上　　　　　　　　　B. 两个
   C. 两个以上　　　　　　　　　D. 两个或两个以上

2. 借贷记账法的理论基础是(　　)。
   A. 资产 = 负债 + 所有者权益
   B. 收入 – 费用 = 利润
   C. 期末余额 = 期初余额 + 本期增加发生额 – 本期减少发生额
   D. 本期所有账户借方发生额合计 = 本期所有账户贷方发生额合计

3. 下列关于借贷记账法"借"的表述中,正确的是(　　)。
   A. 负债增加　　　　　　　　　B. 所有者权益增加
   C. 费用增加　　　　　　　　　D. 收入增加

4. 某资产类账户的本期期初余额为 6 600 元,本期期末余额为 6 700 元,本期的减少额为 800 元。该账户本期增加额为(　　)元。
   A. 700　　　　　　　　　　　B. 900
   C. 12 100　　　　　　　　　　D. 1 800

5. 以"借""贷"二字作为记账符号所表示的含义为(　　)。
   A. 借款和贷款　　　　　　　　B. 记账方向
   C. 债权和债务　　　　　　　　D. 平行关系

6. 借贷记账法的记账规则是(　　)。
   A. 以相等的金额同时在两个或两个以上的账户中登记
   B. 有借必有贷,借贷必相等
   C. 借方登记增加数,贷方登记减少数
   D. 借方登记减少数,贷方登记增加数

7. 关于收入类账户,下列说法正确的是(　　)。
   A. 借方登记增加数,贷方登记减少数　　B. 借方登记减少数,贷方登记增加数
   C. 余额在借方　　　　　　　　　　　　D. 余额在贷方

8. 在借贷记账法下,下列说法正确的是(　　)。
   A. 资产类账户与负债类账户结构相同
   B. 资产类账户与收入类账户结构相同
   C. 负债类账户与费用成本类账户结构相同
   D. 负债类账户与所有者权益类账户结构相同

9. 资产类账户的期末余额计算公式是(　　)。
   A. 期末借方余额 = 期初借方余额 + 本期借方发生额 – 本期贷方发生额
   B. 期末借方余额 = 期初借方余额 + 本期贷方发生额 – 本期借方发生额

C. 期末贷方余额 = 期初贷方余额 + 本期借方发生额 – 本期贷方发生额

D. 期末贷方余额 = 期初贷方余额 + 本期贷方发生额 – 本期借方发生额

10. 下列属于会计分录必须具备的要素是（ ）。
   A. 摘要、凭证号、金额　　　　　　B. 账户名称、记账符号、金额
   C. 借贷方金额　　　　　　　　　　D. 总分类账户、明细分类账户、金额

11. 下列会计分录中，属于简单会计分录的是（ ）。
   A. 一借一贷的会计分录　　　　　　B. 一借多贷的会计分录
   C. 多借一贷的会计分录　　　　　　D. 多借多贷的会计分录

12. 目前我国企业采用的复式记账法是（ ）。
   A. 单式记账法　　　　　　　　　　B. 增减记账法
   C. 收付记账法　　　　　　　　　　D. 借贷记账法

13. 下列账户结构与"资本公积"账户结构相同的是（ ）。
   A. "原材料"　　　　　　　　　　　B. "制造费用"
   C. "固定资产"　　　　　　　　　　D. "实收资本"

14. 关于试算平衡法，下列说法不正确的是（ ）。
   A. 理论依据是会计恒等式和记账规则
   B. 试算平衡了，说明账户记录一定正确
   C. 试算不平衡，说明账户记录肯定有错误
   D. 包括发生额试算平衡法和余额试算平衡法

15. 借贷记账法下的发生额试算平衡是由（ ）决定的。
   A. 账户结构　　　　　　　　　　　B. 会计恒等式
   C. 记账规则　　　　　　　　　　　D. 平行登记要点

16. 负债类账户的结构与所有者权益类账户的结构（ ）。
   A. 完全一致　　　　　　　　　　　B. 相反
   C. 基本相同　　　　　　　　　　　D. 无关

17. 在借贷记账法下，余额试算平衡是由（ ）决定的。
   A. 记账规则　　　　　　　　　　　B. 会计恒等式
   C. 记账符号　　　　　　　　　　　D. 账户关系

18. 甲公司月末编制的试算平衡表中，全部账户的本月借方发生额合计为136万元，除"实收资本"账户以外的本月贷方发生额合计为120万元，则"实收资本"账户（ ）。
   A. 本月贷方发生额为16万元　　　　B. 本月借方发生额为16万元
   C. 本月借方余额为16万元　　　　　D. 本月贷方余额为16万元

19. 下列关于试算平衡方法的表述中，不正确的是（ ）。
   A. 本期所有会计账户的借方余额合计与贷方余额合计应当恒等
   B. 通过试算平衡表可以发现错记或漏记的情况
   C. 余额试算平衡通过编制试算平衡表来完成
   D. 本期所有会计账户的借方发生额合计与贷方发生额合计必须相等

20. 如果全部账户的借方余额等于全部账户的贷方余额，那就说明账户记录（ ）。
   A. 完全正确　　　　　　　　　　　B. 不正确

C. 不一定正确   D. 基本正确

多项选择题

1. 账户借方登记增加额的有（　　）。
   A. 资产　　　　　　　　　　B. 负债
   C. 成本　　　　　　　　　　D. 费用
2. 复式记账法包括（　　）。
   A. 单式记账法　　　　　　　B. 收付记账法
   C. 增减记账法　　　　　　　D. 借贷记账法
3. 复式记账的要点包括（　　）。
   A. 既登记总账又登记明细账
   B. 必须以相等的金额进行登记
   C. 在两个账户中登记的方向相同
   D. 同时在两个或两个以上相互联系的账户中登记
4. 关于借贷记账法账户的结构关系，下列说法正确的有（　　）。
   A. 资产类账户与权益类账户结构相同
   B. 资产类账户与权益类账户结构相反
   C. 成本费用类账户与资产类账户结构基本相同
   D. 收益类账户与资产类账户结构基本相同
5. 负债类账户的记账规则是（　　）。
   A. 增加记借方　　　　　　　B. 增加记贷方
   C. 减少记贷方　　　　　　　D. 减少记借方
6. 编制会计分录的基本要点是（　　）。
   A. 确定采用的记账方法　　　B. 确定经济业务所涉及的账户
   C. 确定借贷方向　　　　　　D. 确定应借应贷的金额
7. 在借贷记账法下，下列可以在账户贷方登记的有（　　）。
   A. 资产的增加　　　　　　　B. 负债的增加
   C. 收入的增加　　　　　　　D. 所有者权益的减少
8. 下列选项中，属于借贷记账方法下的试算平衡方法的有（　　）。
   A. 余额试算平衡法　　　　　B. 总额试算平衡法
   C. 发生额试算平衡法　　　　D. 差额试算平衡法
9. 借贷记账法的试算平衡不能发现的错误有（　　）。
   A. 经济业务全部漏记　　　　B. 经济业务全部重记
   C. 记账方向颠倒　　　　　　D. 用错科目
10. 下列属于复合会计分录的有（　　）。
    A. 一借一贷　　　　　　　　B. 一借多贷
    C. 多借一贷　　　　　　　　D. 多借多贷

11. 下列关于借贷记账法的表述中，正确的有（　　　　）。
    A. 借贷记账法以"借"和"贷"作为记账符号
    B. 借贷记账法是一种复式记账法
    C. 借贷记账法遵循"有借必有贷，借贷必相等"的记账规则
    D. 借贷记账法下"借"表示增加，"贷"表示减少

12. 下列各项关于试算平衡的等式表述中，正确的有（　　　　）。
    A. 全部账户本期借方发生额合计 = 全部账户本期贷方发生额合计
    B. 全部账户借方期末余额合计 = 全部账户贷方期末余额合计
    C. 全部账户借方期初余额合计 = 全部账户贷方期初余额合计
    D. 全部账户借方期初余额合计 = 全部账户贷方期末余额合计

13. 下列账户与"管理费用"账户结构相同的有（　　　　）。
    A. "应付账款"   B. "实收资本"
    C. "销售费用"   D. "财务费用"

14. 用库存现金支付企业的行政管理部门办公用品费，这笔业务涉及（　　　　）等账户。
    A. "库存现金"   B. "管理费用"
    C. "制造费用"   D. "银行存款"

15. 记账方法按记录方式不同，可分为（　　　　）。
    A. 借贷记账法   B. 单式记账法
    C. 复式记账法   D. 增减记账法

判断题

1. 复式记账法是指对于每一笔经济业务，都必须用相等的金额在两个或两个以上相互联系的账户中进行登记，全面系统地反映会计要素增减变动的一种记账方法。（　　）
2. 在借贷记账法下，借表示增加，贷表示减少。（　　）
3. 为了保持账户的对应关系，只能编制一借一贷的会计分录。（　　）
4. "预付账款"账户和"应付账款"账户在结构上是相同的。（　　）
5. 试算平衡的依据是资产与权益的平衡关系和借贷记账法的记账规则。（　　）
6. 如果在有关账户中重记或漏记某些经济业务，或者将借贷记账方向弄反，就不能通过试算平衡而发现错误。（　　）
7. "生产成本""制造费用""销售费用""管理费用"均属于损益类账户，期末结转后一般无余额。（　　）
8. 损益类账户增加在借方，减少在贷方，期末没有余额。（　　）
9. 如果所有账户在一定期间内借、贷方发生额合计平衡，则可以断定记账肯定没有错误。（　　）
10. 负债类账户的结构与资产类账户的结构刚好相反。（　　）

11. 为了简化核算,企业可以将不同内容的经济业务合并,编制多借多贷的会计分录。
(   )
12. 登记本期增加的金额称为本期借方发生额,登记本期减少的金额称为本期贷方发生额。
(   )
13. 发生额试算平衡是根据借贷记账法的记账规则,检验本期发生额记录是否正确的方法。
(   )
14. 借贷记账法以"借"字和"贷"字作为记账符号。
(   )
15. 一笔完整的会计分录,必须包括应借应贷方向、相互对应的会计账户及其金额三个要素。
(   )

任务三　填制和审核会计凭证

名词解释

1. 会计凭证

2. 原始凭证

3. 记账凭证

 简答题

1. 简述原始凭证审核的内容。

2. 简述记账凭证审核的内容。

 单项选择题

1. （　　）是记录经济业务发生或完成情况的书面证明，也是登记账簿的依据。
   A. 原始凭证　　　　　　　　B. 记账凭证
   C. 会计凭证　　　　　　　　D. 转账凭证

2. （　　）是在经济业务发生或完成时取得或填制的，用以记录或证明经济业务的发生或完成情况，明确有关经济责任的文字书面凭证。
   A. 原始凭证　　　　　　　　B. 记账凭证
   C. 会计凭证　　　　　　　　D. 转账凭证

3. （　　）是会计人员根据审核无误的原始凭证，按照经济业务事项的内容加以归类，并据以确定会计分录的会计凭证。它是登记账簿的直接依据。

A. 原始凭证 B. 记账凭证
   C. 会计凭证 D. 转账凭证
4. 限额领料单是一种（　　）。
   A. 记账凭证 B. 汇总凭证
   C. 转账凭证 D. 累计凭证
5. 会计凭证分为原始凭证和记账凭证，是按其（　　）进行划分的。
   A. 记录经济业务的内容 B. 填制的程序和用途
   C. 格式 D. 填制方法
6. 填制原始凭证时，"￥458.00"规范的大写金额是（　　）。
   A. 人民币肆佰伍拾捌元 B. 人民币肆佰伍拾捌元零分
   C. 人民币　肆佰伍拾捌元整 D. 人民币肆佰伍拾捌元整
7. 下列各项，不属于原始凭证审核内容的是（　　）。
   A. 凭证反映的内容是否真实
   B. 凭证各项基本要素是否齐全
   C. 会计科目的使用是否正确
   D. 凭证是否有填制单位的公章和填制人员的签章
8. 记账凭证根据审核无误的（　　）填制。
   A. 收款凭证 B. 付款凭证
   C. 转账凭证 D. 原始凭证
9. 公司用转账支票支付前欠甲企业货款 22 600 元，应填制（　　）。
   A. 转账凭证 B. 收款凭证
   C. 付款凭证 D. 原始凭证
10. 下列应编制转账凭证的业务是（　　）。
    A. 收回前欠货款 30 000 元，款项已存入银行
    B. 购入原材料 10 000 元，货款尚未支付
    C. 以银行存款归还前欠货款 40 000 元
    D. 接受投资者投入 80 000 元，款项已存入银行
11. 对于将现金存入银行的业务，按规定应编制（　　）。
    A. 现金付款凭证 B. 银行存款收款凭证
    C. 现金收款凭证 D. 银行存款付款凭证
12. 会计人员审核原始凭证时，对于真实、合法、合理但内容不够完整、填写有错误的原始凭证，应（　　）。
    A. 及时办理 B. 拒绝办理
    C. 退回要求补充完整 D. 坚持不予办理
13. 填制记账凭证时发现了错误，应当（　　）。
    A. 重新填制记账凭证 B. 更正并加盖公章
    C. 更正并加盖更正人员的印章 D. 更正并加盖更正人员的印章和公章
14. 公司从工商银行取得期限为 9 个月的借款，应填制的凭证为（　　）。
    A. 收款凭证 B. 付款凭证

C. 转账凭证 D. 原始凭证

15. 传递会计凭证是指（　　）过程中，在单位内部有关部门和人员之间传送的程序。
    A. 从会计凭证的填制起到登记账簿止
    B. 从会计凭证的取得或填制到归档保管止
    C. 从会计凭证审核后到归档止
    D. 从会计凭证的填制取得到汇总登记账簿止

多项选择题

1. 原始凭证按其填制手续及内容不同，可分为（　　）。
   A. 一次凭证 B. 累计凭证
   C. 单式凭证 D. 汇总凭证

2. 会计凭证按填制的程序和用途不同，分为（　　）。
   A. 原始凭证 B. 记账凭证
   C. 累计凭证 D. 复式凭证

3. 原始凭证按来源不同，可分为（　　）。
   A. 自制原始凭证 B. 外来原始凭证
   C. 单式记账凭证 D. 复式记账凭证

4. 下列凭证中属于自制原始凭证的有（　　）。
   A. 收料单 B. 领料单
   C. 限额领料单 D. 企业取得的增值税专用发票

5. 下列会计人员对原始凭证审核后的处理正确的有（　　）。
   A. 对于完全符合要求的原始凭证，应及时据以编制记账凭证入账
   B. 对于真实、合法、合理，但内容不够完整或填写不准确的原始凭证，应退回补充和更正
   C. 对于不真实、不合法的原始凭证，会计机构和会计人员有权不予接受，并向单位负责人报告
   D. 对于真实、合法、合理，但内容不够完整或填写不准确的原始凭证，应拒绝接受，并向单位领导报告

6. 原始凭证必须具备的基本内容有（　　）。
   A. 凭证的名称、日期 B. 凭证编号
   C. 经济业务的内容 D. 按交易或事项编制的会计分录

7. 下列各项中，属于记账凭证必须具备的基本内容包括（　　）。
   A. 记账凭证的名称 B. 记账凭证的编号
   C. 按交易或事项编制的会计分录 D. 所附原始凭证的张数

8. 记账凭证按记录经济业务内容的不同，可分为（　　）。
   A. 单式记账凭证 B. 通用记账凭证
   C. 专用记账凭证 D. 复式记账凭证

9. 专用记账凭证是用来记录某类经济业务的凭证。按记录的具体经济业务不同,专用记账凭证又分为（　　　　）。
   A. 收款凭证　　　　　　　　　　B. 付款凭证
   C. 转账凭证　　　　　　　　　　D. 单式凭证
10. 收款凭证是用来记录（　　　　）的记账凭证。
    A. 现金收入业务　　　　　　　　B. 材料收入业务
    C. 银行存款收入业务　　　　　　D. 设备增加业务
11. 涉及现金与银行存款之间划转业务时,可以编制的记账凭证有（　　　　）。
    A. 现金付款凭证　　　　　　　　B. 现金收款凭证
    C. 银行存款收款凭证　　　　　　D. 银行存款付款凭证
12. 下列经济业务应该编制转账凭证的有（　　　　）。
    A. 生产产品领用材料　　　　　　B. 产品加工完毕,验收入库
    C. 购入设备一台,款项未付　　　D. 以银行存款预付保险费
13. 下列各项中,属于记账凭证审核内容的有（　　　　）。
    A. 金额是否正确　　　　　　　　B. 项目是否齐全
    C. 科目是否正确　　　　　　　　D. 书写是否正确
14. 下列各项中,属于外来原始凭证的有（　　　　）。
    A. 火车票　　　　　　　　　　　B. 购货取得的专用增值税发票
    C. 销货发票　　　　　　　　　　D. 外单位开具盖有公章的证明
15. 下列科目中,可能成为付款凭证借方科目的有（　　　　）。
    A. "库存现金"　　　　　　　　　B. "银行存款"
    C. "应交税费"　　　　　　　　　D. "销售费用"

判断题

1. 会计凭证按其经济业务的内容不同,可分为原始凭证和记账凭证两大类。（　　）
2. 累计凭证指在一定时期内多次记录发生的同类型经济业务的原始凭证,如自制原始凭证中的限额领料单。（　　）
3. 企业、行政事业单位的原始凭证除必须具备基本内容外,从外单位取得的原始凭证,必须盖有填制单位的公章;从个人取得的原始凭证,必须有填制人员的签名或盖章。（　　）
4. 为了避免重复记账,对于现金和银行存款之间的相互划转的经济业务,即从银行提取现金或把现金存入银行的经济业务,可以只编付款凭证,或者只编收款凭证。（　　）
5. 原始凭证必要时可以涂改、挖补。（　　）
6. 原始凭证金额出现错误的不得更正,只能由开具单位重新开具。（　　）
7. 一次凭证是指只反映一项经济业务的凭证,如"领料单"。（　　）
8. 外来原始凭证都是一次凭证。（　　）
9. 对于不真实、不合法的原始凭证,会计机构和会计人员有权不予接受,并向单位负

责人报告。　　　　　　　　　　　　　　　　　　　　　　　　　（　　）

10. 合法地取得、正确地填制和审核会计凭证，是会计核算的基本方法之一，也是日常会计核算工作的起点和基础。　　　　　　　　　　　　　　　　　（　　）

11. 小写金额为￥1 008.00元，大写金额应写成"壹仟零捌元整"。　（　　）

12. 收款凭证只有在现金增加时才填制。　　　　　　　　　　　　（　　）

13. 转账凭证是指用以记录不涉及现金和银行存款业务的会计凭证，根据有关转账业务的原始凭证填制。　　　　　　　　　　　　　　　　　　　　　　　（　　）

14. 结账和更正错误的记账凭证可以不附原始凭证。　　　　　　　（　　）

15. 只有经过审核无误的记账凭证，才能据以登记账簿。　　　　　（　　）

任务四　主要经济业务的核算——以小型制造业企业为例

名词解释

1. 实收资本（或股本）

2. 资本公积

3. 短期借款

4. 长期借款

5. 固定资产

6. 生产费用

7. 产品成本

8. 固定资产折旧

9. 制造费用

10. 利润

 简答题

1. 针对企业生产经营过程中发生的经济业务,账务处理的主要内容有哪些?

2. 什么是材料采购成本,材料采购成本包括哪些?

3. 什么是职工薪酬,职工薪酬分为哪几类?

4. 简述营业利润的计算。

5. 简述利润分配的顺序。

单项选择题

1. 下列属于供应过程的是（　　）。
    A. 购买原材料   B. 支付水电费等其他费用
    C. 领用原材料   D. 支付职工薪酬
2. 实收资本是指企业实际收到投资者投入的资本，该账户属于（　　）。
    A. 资产类账户   B. 所有者权益账户
    C. 损益类账户   D. 负债类账户
3. 用以核算企业收到投资者出资超出其在注册资本中所占份额的部分，应计入（　　）账户。
    A. 实收资本   B. 资本公积
    C. 盈余公积   D. 利润分配
4. 收到投资人投入的银行存款未产生资本溢价，应贷记的账户是（　　）。
    A. 资本公积   B. 银行存款
    C. 实收资本   D. 库存现金

5. 企业从银行借入期限3年的借款，应贷记的账户是（　　）。
   A. 短期借款　　　　　　　　　　　B. 长期应付款
   C. 其他应付款　　　　　　　　　　D. 长期借款
6. 企业发生的用于生产经营短期借款的利息费用的核算科目是（　　）。
   A. 管理费用　　　　　　　　　　　B. 制造费用
   C. 财务费用　　　　　　　　　　　D. 销售费用
7. "应交税费"账户期末余额一般在贷方，反映的是（　　）。
   A. 企业尚未交纳的税费　　　　　　B. 企业多交的税费
   C. 企业尚未抵扣的税费　　　　　　D. 企业多交或尚未抵扣的税费
8. 下列各项中，应当贷记"应付账款"科目的是（　　）。
   A. 确认当期应纳的所得税　　　　　B. 冲销无法支付的应付账款
   C. 偿还应付账款　　　　　　　　　D. 赊购商品而发生的应付账款
9. "无形资产"账户所属的类别是（　　）。
   A. 资产类　　　　　　　　　　　　B. 成本类
   C. 所有者权益类　　　　　　　　　D. 损益类
10. 单位职工小张出差预借差旅费2 000元，应记入的借方科目是（　　）。
    A. 短期借款　　　　　　　　　　　B. 应收账款
    C. 预付账款　　　　　　　　　　　D. 其他应收款
11. 在借贷记账法下，关于"生产成本"账户结构描述错误的是（　　）。
    A. 期末贷方余额反映尚未完工各项产品成本
    B. 借方登记为进行产品生产所发生的各项生产费用
    C. 贷方登记完工并验收入库产品的实际成本
    D. 期末借方余额反映尚未完工各项产品成本
12. 下列各项中，在借贷记账法下，关于"制造费用"账户结构描述错误的是（　　）。
    A. 借方登记增加额　　　　　　　　B. 贷方登记减少额
    C. 期末余额在借方　　　　　　　　D. 期末一般没有余额
13. 下列各项中，不属于制造费用的是（　　）。
    A. 支付的行政管理部门办公费　　　B. 支付的车间办公费
    C. 支付车间水电费　　　　　　　　D. 计提车间固定折旧
14. 对企业的生产用设备计提折旧，应记入的借方科目是（　　）。
    A. 生产成本　　　　　　　　　　　B. 主营业务成本
    C. 制造费用　　　　　　　　　　　D. 累计折旧
15. 企业购入原材料，已验收入库，但开出一张商业汇票，应贷记（　　）账户。
    A. 应付票据　　　　　　　　　　　B. 银行存款
    C. 其他货币资金　　　　　　　　　D. 应付账款
16. 下列各项中，不属于应付职工薪酬的是（　　）。
    A. 差旅费　　　　　　　　　　　　B. 职工工资
    C. 为职工购买的社会保险　　　　　D. 职工福利

17. 企业分配行政管理人员薪酬，应借记的科目是（　　）。
    A. 管理费用　　　　　　　　　　　B. 销售费用
    C. 管理费用　　　　　　　　　　　D. 制造费用

18. 企业专设销售机构人员出差报销差旅费，借方应计入（　　）账户。
    A. 管理费用　　　　　　　　　　　B. 销售费用
    C. 库存现金　　　　　　　　　　　D. 其他应收款

19. 某企业销售商品一批货款未收，借方应计入的账户是（　　）。
    A. 银行存款　　　　　　　　　　　B. 应收票据
    C. 应收账款　　　　　　　　　　　D. 主营业务收入

20. 某增值税一般纳税人销售商品一批，增值税专用发票注明的价款 500 000 元，增值税销项税额 65 000 元，款项已收存入银行。该企业会计处理正确的是（　　）。
    A. 确认主营业务收入 565 000 元　　B. 确认其他业务收入 560 000 元
    C. 确认其他业务收入 500 000 元　　D. 确认主营业务收入 500 000 元

21. 企业销售商品或提供劳务等主营业务所取得的收入，应按实际收到、应收或预收的金额，贷记（　　）。
    A. 银行存款　　　　　　　　　　　B. 主营业务收入
    C. 应收票据　　　　　　　　　　　D. 其他业务收入

22. 核算企业确认的除主营业务活动外的其他日常生产经营活动实现收入的账户是（　　）。
    A. 主营业务收入　　　　　　　　　B. 应收账款
    C. 主营业务成本　　　　　　　　　D. 其他业务收入

23. 企业出租固定资产收到的租金，应贷记的账户是（　　）。
    A. 主营业务收入　　　　　　　　　B. 周转材料
    C. 其他业务收入　　　　　　　　　D. 其他业务成本

24. 下列各项中，用于核算企业销售商品和材料、提供劳务的过程中发生的各种费用的账户是（　　）。
    A. 主营业务收入　　　　　　　　　B. 销售费用
    C. 财务费用　　　　　　　　　　　D. 制造费用

25. 下列各项中不属于销售费用的是（　　）。
    A. 支付的广告费　　　　　　　　　B. 支付的专设销售部门的经费
    C. 对外捐赠支出　　　　　　　　　D. 专设销售部门固定资产折旧

26. 企业接受外单位捐赠的货币资金，应贷记的科目是（　　）。
    A. 主营业务收入　　　　　　　　　B. 其他业务收入
    C. 投资收益　　　　　　　　　　　D. 营业外收入

27. 下列计算公式，正确的是（　　）。
    A. 利润总额 = 营业利润 + 营业外收入 − 营业外支出
    B. 营业利润 = 利润总额 − 所得税费用
    C. 净利润 = 营业利润 − 所得税费用
    D. 营业利润 = 营业收入 − 营业成本

28. 企业期末计算确定当期应交所得税，下列会计分录中，正确的是（　　）。
    A. 借记"所得税费用"科目　　　贷记"本年利润"科目
    B. 借记"应交税费"科目　　　贷记"银行存款"科目
    C. 借记"本年利润"科目　　　贷记"所得税费用"科目
    D. 借记"所得税费用"科目　　　贷记"应交税费"科目
29. 企业根据股东大会审议批准的利润分配方案，确认应付给股东的现金股利，下列会计分录中，正确的是（　　）。
    A. 借：应付股利　　　贷：利润分配
    B. 借：利润分配　　　贷：盈余公积
    C. 借：应付股利　　　贷：库存现金
    D. 借：利润分配　　　贷：应付股利
30. 年末结转后，"利润分配"科目贷方余额反映的是（　　）。
    A. 未分配利润　　　　　　　　B. 净利润
    C. 未弥补亏损　　　　　　　　D. 利润总额

多项选择题

1. 下列各项中，属于企业资金筹集来源的有（　　）。
    A. 投资者的投资　　　　　　　B. 购买商品
    C. 向债权人借入的资金　　　　D. 销售收入
2. 接受投资者投资贷方涉及到的账户包括（　　）。
    A. 实收资本　　　　　　　　　B. 银行存款
    C. 资本公积　　　　　　　　　D. 无形资产
3. 收到投资人投入固定资产，投资各方确认的价值 800 0000 元，假设不考虑其他因素，下列正确的说法有（　　）。
    A. 借记"固定资产"800 0000 元　　B. 贷记"实收资本"800 0000 元
    C. 贷记"固定资产"800 0000 元　　D. 借记"实收资本"800 0000 元
4. 企业从银行借入的期限为 1 个月的借款到期，偿还该借款本息时所编制会计分录可能涉及的账户有（　　）。
    A. 短期借款　　　　　　　　　B. 财务费用
    C. 管理费用　　　　　　　　　D. 银行存款
5. 原材料按实际成本计价，应设置的会计账户有（　　）。
    A. 原材料　　　　　　　　　　B. 材料采购
    C. 在途物资　　　　　　　　　D. 材料成本差异
6. "应交税费"账户，用于核算企业按照税法规定计算应缴纳的各种税费，包括（　　）。
    A. 增值税　　　　　　　　　　B. 所得税
    C. 城市维护建设税　　　　　　D. 教育费附加

7. 企业预付货款采购物资，下列业务中，应当借记"预付账款"科目的有（　　）。
   A. 收回多付的货款　　　　　　　　B. 补付预付不足的货款
   C. 收到所购物资确认物资成本　　　D. 向供应单位预付款项

8. 下列关于"固定资产"账户说法正确的有（　　）。
   A. 固定资产增加计入该账户贷方　　B. 固定资产增加计入该账户借方
   C. 固定资产减少计入该账户贷方　　D. 计提固定资产折旧计入该账户贷方

9. 下列关于"应付账款"账户说法正确的有（　　）。
   A. 用于核算企业因购买材料、商品或接受劳务供应等经营活动应支付给应单位的款项
   B. 该账户属于负债类账户
   C. 该账户借方登记增加金额
   D. 该账户贷方登记增加金额

10. 材料采购过程中，从购买到验收入库，需要确认记录得主要内容有（　　）。
    A. 确认计算材料采购成本　　　　B. 领用材料
    C. 与供应单位办理价款核算　　　D. 材料验收入库

11. 下列账户中，期末可能有借方余额的有（　　）。
    A. 原材料　　　　　　　　　　　B. 长期借款
    C. 实收资本　　　　　　　　　　D. 生产成本

12. 下列账户中，属于成本类账户的有（　　）。
    A. 管理费用　　　　　　　　　　B. 销售费用
    C. 制造费用　　　　　　　　　　D. 生产成本

13. 某增值税一般纳税人购入原材料一批，增值税专用发票上注明价款30 000元，增值税进项税额3 900元，另支付运费2 000元（运费不考虑进项税额），材料尚未验收入库。下列说法正确的有（　　）。
    A. 计入"在途物资"账户30 000元
    B. 计入"在途物资"账户32 000元
    C. 计入"在途物资"账户35 900元
    D. 计入"应交税费——应交增值税（进项税额）"账户3 900元

14. 下列各项中，表述正确的选项的有（　　）。
    A. 生产产品领用的原材料计入"生产成本"账户
    B. 车间一般耗用的原材料计入"制造费用"账户
    C. 行政部门耗用的原材料计入"管理费用"账户
    D. 销售部门耗用的原材料计入"销售费用"账户

15. 下列各项中，属于管理费用的有（　　）。
    A. 生产车间发生的办公费　　　　B. 销售部门发生的办公费
    C. 行政部门职工薪酬　　　　　　D. 企业发生的公司经费

16. 企业发生的下列各项费用中，应计入管理费用的有（　　）。
    A. 行政部门发生的差旅费　　　　B. 行政管理人员工资

C. 业务招待费 D. 行政部门办公设备折旧费

17. 企业对库存商品采用实际成本核算，下列关于"库存商品"科目的表述中，正确的有（　　）。

 A. 借方登记验收入库的库存商品成本
 B. 期末借方余额反映库存商品的实际成本
 C. 贷方登记发出的库存商品成本
 D. 期末借方余额反映已销售商品成本

18. 下列各项中，属于应付职工薪酬的有（　　）。

 A. 工会经费 B. 职工工资
 C. 为职工购买的社会保险 D. 职工福利

19. 下列关于职工薪酬账务处理正确的有（　　）。

 A. 企业行政管理人员的薪酬计入"生产成本"账户
 B. 企业行政管理人员的薪酬计入"管理费用"账户
 C. 企业销售人员的薪酬计入"销售费用"账户
 D. 企业销售人员的薪酬计入"制造费用"账户

20. 关于"应付职工薪酬"科目，下列说法正确的有（　　）。

 A. 该账户借方登记本月实际支付的职工薪酬数额
 B. 贷方登记本月计算的应该支付的职工薪酬数额
 C. 该账户期末一定无余额
 D. 借方用于登记本月应该支付给职工的薪酬数额

21. 下列关于"应付利息"账户说法正确的有（　　）。

 A. 属于资产类账户 B. 属于负债类账户
 C. 借方登记增加金额 D. 贷方登记增加金额

22. 下列关于"应收账款"账户说法正确的有（　　）。

 A. 属于资产类账户 B. 属于负债类账户
 C. 借方登记增加金额 D. 贷方登记减少金额

23. 下列属于制造业其他业务收入的有（　　）。

 A. 销售材料 B. 出租固定资产
 C. 出租无形资产 D. 销售生产的产品

24. 某增值税一般纳税人销售商品一批，增值税专用发票注明的价款 100 000 元，增值税销项税额 13 000 元，款项已收存入银行。该企业会计处理正确的有（　　）。

 A. 确认主营业务收入 113 000 元 B. 确认主营业务收入 100 000 元
 C. 确认其他业务收入 113 000 元 D. 确认销项税额 13 000 元

25. 下列各项税费中，通过"税金及附加"账户核算的有（　　）。

 A. 教育费附加 B. 印花税
 C. 城市维护建设税 D. 增值税

26. 下列各项税中，通过"销售费用"账户核算的有（　　）。

 A. 销售人员职工薪酬 B. 支付的广告费
 C. 行政部门水电费 D. 销售商品发生的展览费

27. 下列损益类会计科目在"本年利润"账户贷方反映的有（　　　）。
    A. 主营业务收入　　　　　　　B. 主营业务成本
    C. 营业外收入　　　　　　　　D. 其他业务收入
28. 下列各项中，应计入营业外支出的是（　　　）。
    A. 公益性捐赠支出　　　　　　B. 非常损失
    C. 出售固定资产净损失　　　　D. 违约罚款
29. 下列各项中，应计入营业外收入的是（　　　）。
    A. 捐赠收益　　　　　　　　　B. 销售商品取得的收入
    C. 出售固定资产净收益　　　　D. 出售无形资产净收益
30. 下列属于企业留存收益的是（　　　）。
    A. 实收资本　　　　　　　　　B. 资本公积
    C. 盈余公积　　　　　　　　　D. 未分配利润

判断题

1. 企业进行生产经营所需要的资金主要来源于两个渠道：一是所有者投入的资金；二是从债权人借入的资金。（　　）
2. 所有者投入的资本也可以确认为企业的收入。（　　）
3. 企业借入的资金主要是从银行或其他金融机构取得的各种短期借款。（　　）
4. 企业采用实际成本进行材料日常核算，尚未到达或尚未验收入库的材料，应借记"原材料"账户。（　　）
5. 在原材料按照实际成本计价核算时，"原材料"账户借方登记已验收入库材料的成本，贷方登记发出材料的成本，期末余额在借方，反映企业库存材料的实际成本。（　　）
6. 预收账款属于资产类账户。（　　）
7. 预付账款属于负债类账户。（　　）
8. 一般纳税人购入材料时支付的买价和进口关税应计入采购成本。（　　）
9. 无形资产属于资产类账户，该账户借方登记增加金额，贷方登记减少金额。（　　）
10. 以银行存款购买原材料，是资金投入企业的具体表现。（　　）
11. "在途物资"科目期末借方余额反映尚未验收入库的在途物资实际成本。（　　）
12. 增值税一般纳税人购入固定资产支付的进项税额不得抵扣。（　　）
13. "制造费用"科目期末一般无余额。（　　）
14. 企业生产车间计提的固定资产折旧应计入"制造费用"账户。（　　）
15. "累计折旧"账户属于资产类账户，所以计提固定资产折旧应计入该账户的借方。（　　）
16. 企业在筹建期间发生的开办为购建固定资产发生的费用，应记入"管理费用"账户。（　　）
17. 制造费用是企业生产车间（部门）为生产产品和提供劳务而发生的各种间接费用。（　　）

18. 企业计提的职工教育经费不属于应付职工薪酬。（   ）
19. 企业计提行政管理部门固定资产折旧应计入管理费用。（   ）
20. 企业分配管理人员工资应计入制造费用。（   ）
21. 应付职工薪酬属于损益类会计科目。（   ）
22. 企业销售商品取得的收入应确认为主营业务收入。（   ）
23. 企业销售原材料取得的收入应确认为主营业务收入。（   ）
24. "预收账款"账户属于资产类账户，"预付账款"账户属于负债类账户。（   ）
25. 企业交纳的城市维护建设税应计入"税金及附加"账户。（   ）
26. 企业发生的商品展览费应计入"销售费用"账户。（   ）
27. "销售费用"属于成本类账户。（   ）
28. "盈余公积"账户期末余额在贷方，反映企业结存的盈余公积。（   ）
29. 期末结转损益类账户，将费用类结转至"本年利润"账户的借方，收益类结转至"本年利润"账户的贷方。（   ）
30. 企业提取盈余公积时，应借记"利润分配"科目，贷记"盈余公积"科目。（   ）

业务实作题

1. 假设某企业2019年1月份发生以下经济业务（不考虑税费）：
（1）收回应收销货款10 000元存入银行。
（2）用现金350元支付厂部办公用品费。
（3）用银行存款800元支付销售产品发生的广告费。
（4）向银行贷款200 000存入银行，还款期为9个月。
（5）收到东方公司投入的货币资金500 000存入银行。
（6）生产A产品领用原材料10 000元。
（7）厂部管理人员李明出差预借差旅费600元，以现金支付。
（8）收到某国华侨捐赠50 000元存入银行。
（9）向阳光工厂购进材料6 000元，材料已入库，款项未付。
（10）以银行存款60 000元，偿还到期应付商业汇票。
（11）向红旗工厂购入材料45 000元，其中5 000元以银行存款支付，40 000元款项暂欠，材料已入库。
（12）厂部管理人员李明出差归回报销差旅费550元，交回现金50元，结清原借款600元。
（13）提取现金50 000备发工资。
（14）以现金50 000元支付应付职工工资。
（15）以银行存款70 000元归还前欠货款。
（16）以银行存款100 000元，购入专利权。
（17）用银行存款100 000元向地震灾区捐赠。

（18）经批准，将资本公积 200 000 元转增资本。
（19）借入二年期借款 300 000 元，存入银行。
（20）销售产品 20 000 元，收到一张商业汇票。
要求：根据上述经济业务，编制相应会计分录。

(1)	(2)
(3)	(4)
(5)	(6)
(7)	(8)
(9)	(10)
(11)	(12)
(13)	(14)
(15)	(16)

(17)	(18)
(19)	(20)

2. 某公司为增值税一般纳税人，发生下列所有者权益的经济业务：

（1）2019年1月2日，收到投资者永胜公司以货币资金投资5 000 000元，款项存入银行；以房屋建筑物投资，协议价值3 000 000元（假设不考虑增值税）。

（2）2019年12月5日，收到投资者新仁公司以机器设备投资，协议作价2 500 000元，增值税进项税额325 000元，占公司注册资本10 000 000元的20%。

（3）2019年12月31日，公司用资本公积500 000元转增资本，假如永胜公司持股比例为80%，新仁公司持股比例为20%。

要求：根据上述资料，编制如下会计分录：

（1）取得永胜公司投资：

（2）取得新仁公司投资：

（3）以资本公积转增资本：

3. 2019年4月至6月，某公司发生如下借款业务：

（1）4月1日，向银行借入期限3个月，年利率8%，本金600 000元，一次还本付息的借款存入银行。

（2）4月30日，计提短期借款利息。

（3）6月30日，借款到期，公司用银行存款偿还本金及利息（其中4月份、5月份利息已预提，6月份利息未预提）。

要求：根据上述资料，编制如下会计分录：

（1）4月1日取得借款：

（2）4月30日计提借款利息：

（3）6月30日偿还借款本息：

4. 某公司2019年9月1日，"短期借款"科目期初贷方余额300 000元，"长期借款"科目期初贷方余额2 000 000元，"实收资本"科目贷方余额5 000 000元。9月发生如下资金筹集业务：

（1）9月8日，向银行借入期限3年，年利率9%，本金500 000元的借款，该借款每年付息一次。

（2）9月15日，收到德勤公司投资投入的原材料，投资各方协商作价1 000 000元，增值税进项税额130 000元，未产生资本溢价。

（3）9月30日，以银行存款偿还到期的短期借款200 000元。

要求：
(1) 编制9月8日取得银行借款的会计分录：

(2) 编制9月15日接受德勤公司投资的会计分录：

(3) 编制9月30日偿还短期借款的会计分录：

(4) 计算9月30日公司短期借款、长期借款余额：

(5) 计算9月30日公司实收资本余额：

5. 某公司为制造企业，属增值税一般纳税人，原材料核算采用实际成本法，2019年7月份、9月份发生下列交易与事项：

(1) 7月2日，从A公司购入材料，增值税专用发票列示材料货款150 000元，增值税

19 500 元，款项尚未支付，材料尚未验收入库。

(2) 7 月 10 日，从丙公司购入不需安装机器设备一台，增值税专用发票上列示价款 420 000 元，增值税进项税额 54 600 元，款项以银行存款支付。

(3) 7 月 28 日，从 B 公司购入原材料一批，。增值税专用发票列示材料货款 300 000 元，增值税 39 000 元，材料已验收入库，企业开出一张面值为 339 000 元的银行承兑汇票。

(4) 7 月 31 日，7 月 2 日购入的 A 材料验收入库。

(5) 假设 9 月 28 日，银行承兑汇票到期，以银行存款偿还票据款。

要求：根据上述资料，编制如下会计分录：

(1) 7 月 2 日，从 A 公司购入原材料：

(2) 7 月 10 日，从丙公司购入机器设备：

(3) 7 月 28 日，从 B 公司购入原材料：

(4) 7 月 31 日，A 材料库验收入库：

（5）9月28日，银行承兑汇票到期，以银行存款偿还票据款：

6. 某公司2019年9月发生如下经济业务：
（1）9月2日，向A公司采购价款为180 000元，增值税进项税额23 400元的原材料，以银行存款预付价款的40%。
（2）9月25日，收到A公司发来的原材料。
（3）9月30日，以银行存款补付余款。
（4）9月30日，生产产品领用原材料100 000元，行政管理部门领用原材料70 000元。
要求：根据上述业务，编制如下会计分录：
（1）9月2日预付货款：

（2）9月25日收到A公司发来原材料：

（3）9月30日以银行存款补付余款：

（4）9月30日领用原材料：

7. 某公司10月发生如下经济业务：
（1）生产领用原材料6 000元。
（2）分配本月职工工资21 000元（其中生产工人15 000元，车间管理人员6 000元）。
（3）计提生产车间固定资产折旧1 000元。
（4）制造费用7 000元转入生产成本。
（5）完工产品20 000元结转成本。
要求：根据上述资料，编制如下会计分录：
（1）生产领用材料：

（2）分配本月职工工资：

（3）计提生产用固定资产折旧：

（4）结转制造费用：

（5）结转完工产品成本：

8. 某公司2019年5月发生如下职工薪酬业务：
（1）从银行提取现金103 000元，准备发放工资。
（2）以库存现金103 000元，发放本月职工工资。
（3）企业受外单位委托为职工代扣房租水电费等合计为5 000元，代扣代缴个人所得税12 000元。
（4）月末基本生产车间生产甲产品发生工资薪酬费用为40 000元，乙产品工资薪酬费用为35 000元，车间管理人员职工薪酬费用10 000元，行政管理部门人员职工薪酬费用20 000元，专设销售机构销售人员的短期职工薪酬15 000元。
（5）以现金支付职工福利费2 000元。
要求：根据上述资料，编制如下会计分录：
（1）从银行提取现金：

（2）以库存现金发放工资：

（3）代扣房租水电费及代扣代缴个人所得税：

（4）工资薪酬分配：

（5）支付职工困难补助：

9. 某公司2019年9月份，车间发生的相关业务如下：
（1）计提由公司承担的职工医疗保险费，其中行政管理人员6 000元，车间管理人员3 500元，生产甲产品工人12 000元，生产乙产品工人8 000元。
（2）以银行存款支付本月职工医疗保险费29 500元。
（3）用银行存款支付行政管理部门使用房屋租金3 000元，支付厂房租金5 000元（假设不考虑相关税费）。
要求：根据上述资料，编制如下会计分录：
（1）计提由公司承担的医疗保险费：

（2）以银行存款支付社会保险费：

（3）用银行存款支付房租：

10. 某公司2019年6月1日"生产成本"账户期初余额18 900元，全部为甲产品在产品成本，乙产品没有期初余额。本月发生与生产过程有关业务如下：

（1）月末，根据领料单汇总本月发出材料，见下表。

表1　　　　　　　　　　　　　　发出材料汇总表

项目	A材料 数量（千克）	A材料 金额（元）	B材料 数量（千克）	B材料 金额（元）	C材料 数量（千克）	C材料 金额（元）	金额合计（元）
制造甲产品耗用	500	50 000	3 000	150 000	195	3900	203900
制造乙产品耗用	400	40 000	2 000	100 000	255	5 100	145 100
车间一般耗用					300	6 000	6 000
行政管理部门耗用					100	2 000	2 000
合计	900	90 000	5 000	250 000	850	17 000	357 000

（2）根据公司2019年6月份的考勤记录和工时记录，结算本月应付职工薪酬为440 000万元，其中：

生产甲产品的工人工资　　　　　　118 000元
生产乙产品的工人工资为　　　　　82 000元
车间管理人员的工资为　　　　　　60 000元
行政管理人员的工资为　　　　　　100 000元
销售部门人员的工资为　　　　　　80 000元

（3）月末，根据折旧计算表计提6月份固定资产折旧60 000元。其中，生产车间使用固定资产应计提折旧50 000元，行政管理部门使用固定资产应计提折旧10 000元。

（4）以银行存款支付6月份车间水电费15 200元，行政部门水电费8 000元（假设不考虑相关税费)。

（5）6月以银行存款1 500元购买办公用品，其中800元为车间使用，700元为管理部门使用（假设不考虑相关税费）。

（6）假设2019年6月制造费用仅为上述（1）-（5）中列举的情况，甲产品应分配制造费用79 200元、乙产品应分配制造费用52 800元。

（7）假设6月份生产的甲产品500件全部完工，生产成本为420 000元，生产的乙产品300件全部未完工。

要求：根据上述资料，编制如下会计分录：

（1）领用材料：

（2）分配本月职工工资：

（3）计提固定资产折旧：

（4）支付水电费：

（5）购买办公用品：

（6）结转制造费用：

（7）结转完工产品成本：

11. 某公司为增值税一般纳税人，2019年12月发生如下业务：

（1）销售商品一批给A企业，货款为100 000元，增值税为13 000元，该批商品成本为80 000元，收到商业承兑汇票一张。

（2）销售材料一批给C企业，价款为30 000元，增值税为3 900元，该批材料成本为18 000元，款项尚未收到。

（3）以银行存款支付广告费20 000元（假设不考虑税费）。

（4）以银行存款5 000元交纳本月增值税。

（5）假设收到销售给C企业材料的货款及增值税33 900元，存入银行。

要求：根据上述资料，编制如下会计分录：

（1）销售商品及结转销售成本：

(2) 销售材料及结转销售材料成本：

(3) 支付广告费：

(4) 支付本月增值税：

(5) 收到销售给 C 企业材料的货款及增值税：

12. 某公司企业为增值税一般纳税人，2019年10月份发生的有关经济业务如下：
(1) 10月2日，预收购货单位 A 公司的货款450万元，存入银行。
(2) 10月25日，向购货单位 A 公司发出产品，开出的增值税专用发票所列价款500万元，增值税额65万元，共计565万元，原已向 A 公司预收货款450万元，该批产品实际成本350万元；10月31日收到 A 公司补付的余款，存入银行。
(3) 按规定计算本月应交消费税50万元。
要求：根据上述资料，编制如下会计分录（答案中的金额单位均用"万元"表示）：

（1）10月2日预收货款：

（2）10月25日发出商品：

（3）结转销售成本：

（4）10月31日收到A公司余款：

（5）计算本月应交消费税：

13. 某公司为增值税一般纳税人，2019年12月发生如下经济业务，
（1）12月1日，对外出租生产用设备一台，每月收取租金开具增值税专用发票租金20 000元，增值税额2 600元，上述款项已存入银行，该设备月折旧15 000元。
（2）12月3日，销售一批原材料，开具的增值税专用发票上注明售价为50 000元，增

值税额为 65 000 元,收到购货方开来的商业承兑汇票,该批原材料实际成本为 40 000 元。

(3) 12 月 8 日,收到新元公司赔款 2 600 元,存入银行。

(4) 12 月 15 日,用银行存款向希望工程捐款 3 000 元。

(5) 计算本月应交城建税 5 432 元,教育费附加 2 328 元。

要求:根据上述资料,编制如下会计分录:

(1) 对外出租设备及计提折旧:

(2) 销售原材料及结转销售原材料成本:

(3) 收到新元公司赔款:

(4) 向希望工程捐款:

(5) 计提本月应交城建税、教育费附加:

14. 某公司 2019 年年初未分配利润 130 万元，本年利润总额 380 万元，所得税税率 25%（假设不考虑纳税调整事项），企业按 10% 计提法定盈余公积，按当年净利润的 5% 计提任意盈余公积。

要求：编制上述资料，完成如下事项（金额用"万元"表示）：

（1）计算本年应交所得税；

（2）编制应交所得税的会计分录；

（3）计算本年净利润并编制结转本年利润的会计分录；

（4）编制提取盈余公积的会计分录；

（5）计算年末未分配利润。

15. 某公司 2019 年发生如下与财务成果有关的经济业务（所得税税率 25%）：

(1) 12 月 2 日，收到捐赠款 2 000 元，存入银行。

(2) 12 月 3 日，以银行支付税收滞纳金 1 000 元。

(3) 2019 年有关损益类账户如下：主营业务收入（贷方）950 000 元，其他业务收入（贷方）10 000 元，投资收益（贷方）1 600 元，营业外收入 2 000 元；主营业务成本（借方）570 000 元，税金及附加（借方）9 000 元，其他业务成本（借方）7 000 元，管理费用（借方）10 000 元，销售费用（借方）7 000 元，财务费用（借方）4 000 元，营业外支出（借方）13 000 元。

(4) 按 10% 提取法定盈余公积。

(5) 根据股东会决议向投资者分配现金股利 150 000 元。

要求：根据上述资料，编制如下会计分录：

(1) 接受捐赠：

(2) 支付税收滞纳金：

(3) 结转损益类账户：

(4) 结转本年利润：

（5）提取盈余公积：

（6）向投资者分配现金股利：

（7）结转利润分配各明细：

任务五 登记会计账簿

1. 会计账簿

2. 总分类账

3. 平行登记

4. 对账

5. 结账

 简答题

1. 什么是会计账簿？设置和登记会计账簿的作用有哪些？

2. 简述登记会计账簿的基本要求。

◆ 单项选择题

1. 为了保证账簿记录的正确性，必须根据审核无误的（　　）登记会计账簿。
   A. 会计分录　　　　　　　　B. 会计凭证
   C. 经济合同　　　　　　　　D. 领导批示
2. 现金日记账和银行存款日记账通常采用的格式是（　　）。
   A. 订本式　　　　　　　　　B. 活页式
   C. 卡片式　　　　　　　　　D. 数量金额式
3. 会计报表中各项目的数据，其直接来源是（　　）。
   A. 原始凭证　　　　　　　　B. 记账凭证
   C. 日记账　　　　　　　　　D. 账簿记录
4. 现金日记账和银行存款日记账根据有关凭证（　　）进行登记。
   A. 逐日逐笔　　　　　　　　B. 一次汇总
   C. 逐日汇总　　　　　　　　D. 定期汇总
5. 现金日记账和银行存款日记账一般由（　　）进行登记。
   A. 会计主管　　　　　　　　B. 会计人员
   C. 出纳人员　　　　　　　　D. 稽核人员
6. "应收账款"账户应采用（　　）账簿进行明细登记。
   A. 三栏式明细分类账　　　　B. 多栏式明细分类账
   C. 数量金额式明细分类账　　D. 两栏式明细分类账
7. "管理费用"账户应采用（　　）账簿进行明细登记。
   A. 三栏式明细分类账　　　　B. 多栏式明细分类账
   C. 数量金额式明细分类账　　D. 两栏式明细分类账
8. "原材料""库存商品"等明细账的格式一般采用（　　）。
   A. 三栏式明细分类账　　　　B. 多栏式明细分类账
   C. 数量金额式明细分类账　　D. 横线登记式明细分类账
9. （　　）属于并非每个单位都应设置的会计账簿。
   A. 总分类账簿　　　　　　　B. 现金日记账
   C. 银行存款日记账　　　　　D. 备查账簿

10. 下列对账工作，属于账实核对的是（   ）。
    A. 总分类账与序时账核对
    B. 总分类账与所属明细分类账核对
    C. 会计部门存货明细账与存货保管部门明细账核对
    D. 财产物资明细账账面余额与财产物资实有数额核对

11. 在下列有关账项中，不属于账账核对的内容是（   ）。
    A. 银行存款日记账余额与银行对账单余额核对
    B. 银行存款日记账余额与总账余额核对
    C. 总分类账簿与所属明细分类账簿核对
    D. 总分类账户有关账户的余额核对

12. 登记账簿后发现，会计人员在分配工资费用时，将销售人员的工资记入"管理费用"账户。此时应采用的更正方法是（   ）。
    A. 划线更正法   B. 红字更正法
    C. 补充登记法   D. 编制相反的分录冲减

13. 若记账凭证上的会计账户和应借应贷方向未错，但所记金额大于应记金额，并据以登记入账，对此应采用（   ）更正。
    A. 划线更正法   B. 红字更正法
    C. 补充登记法   D. 编制相反的分录冲减

14. 会计人员根据记账凭证登记账簿时，误将600元写成900元，而记账凭证无误，应采用（   ）。
    A. 划线更正法   B. 红字更正法
    C. 补充登记法   D. 横线登记法

15. 下列情况不可以使用红色墨水记账的是（   ）。
    A. 记账凭证所记录的会计科目出现错误，更正错误凭证时
    B. 在不设借贷等栏的多栏式账页中，登记减少数
    C. 在三栏式账户的余额栏前，印明余额方向的，在余额栏内登记负数余额
    D. 在三栏式账户的余额栏前，如未印明余额方向的，在余额栏内登记负数余额

16. 下列关于结账说法错误的是（   ）。
    A. 结账前，应将本期内发生的经济业务全部记入有关账簿，若预计本期不会再发生任何业务可以提前结账
    B. 根据权责发生制的要求，调整有关账项，合理确定本期应计的收入和应计的费用
    C. 将损益类账户转入"本年利润"账户，结平所有损益类账户
    D. 结算出资产、负债和所有者权益账户的本期发生额和余额，并结转下期

17. 月末结账，在摘要为"本月合计"一栏下面，通栏划（   ）。
    A. 单红线   B. 双红线
    C. 单蓝线   D. 双蓝线

18. 年终结账时，将所有总账账户结出全年发生额和年末余额，在摘要栏内注明"本年合计"字样，并在合计数下通栏划（   ），以示封账。
    A. 单红线   B. 双红线

C. 单蓝线　　　　　　　　　　　D. 双蓝线
19. 下列账簿中，不需要每年进行更换的账簿是（　　）。
    A. 现金日记账　　　　　　　　　B. 银行存款日记账
    C. 总账　　　　　　　　　　　　D. 固定资产明细账
20. 对于从银行提取现金的业务，应（　　）。
    A. 根据现金收款凭证登记银行存款日记账
    B. 根据现金收款凭证登记现金日记账
    C. 根据银行存款付款凭证和现金收款凭证登记现金日记账和银行存款日记账
    D. 根据银行存款付款凭证登记现金日记账和银行存款日记账

多项选择题

1. 会计账簿按其用途不同，可分为（　　）。
    A. 序时账　　　　　　　　　　　B. 分类账
    C. 卡片账　　　　　　　　　　　D. 备查账
2. 账簿按其外表形式不同，可分为（　　）。
    A. 序时账　　　　　　　　　　　B. 卡片账
    C. 订本账　　　　　　　　　　　D. 活页账
3. 按账页格式不同，账簿可分为（　　）。
    A. 三栏式明细分类账　　　　　　B. 多栏式明细分类账
    C. 数量金额式明细分类账　　　　D. 两栏式明细分类账
4. 三栏式明细分类账，基本结构为"借方""贷方"和"余额"三栏。适用于只需要进行金额核算的明细账，如（　　）。
    A. "应付账款"　　　　　　　　　B. "应收账款"
    C. "生产成本"　　　　　　　　　D. "利润分配"
5. 登记账簿时不应（　　），而应该按规定进行记账。
    A. 隔页　　　　　　　　　　　　B. 满格书写文字和数字
    C. 跳行　　　　　　　　　　　　D. 随意涂改
6. 多栏式明细分类账，应在"借方"或"贷方"分别按明细科目或明细项目设专栏。适用于明细项目较多且要求分项列示的明细账，如（　　）。
    A. 生产成本　　　　　　　　　　B. 利润分配
    C. 营业外收入　　　　　　　　　D. 管理费用
7. 下列账簿中属于备查账簿的有（　　）。
    A. 代管商品物资登记簿　　　　　B. 租入固定资产登记簿
    C. 明细分类账簿　　　　　　　　D. 受托加工材料登记簿
8. 会计账簿一般由（　　）构成。
    A. 账簿封面　　　　　　　　　　B. 账簿使用单位
    C. 账簿扉页　　　　　　　　　　D. 账页

9. 下列明细账，可以采用数量金额式账簿的有（   ）。
   A. 原材料明细账   B. 库存商品明细账
   C. 管理费用明细账   D. 应收账款明细账
10. 下列账簿中，可以使用红色墨水的有（   ）。
   A. 按照红字冲账的记账凭证，冲销错误记录
   B. 在不设借贷等栏的多栏式账页中，登记减少数
   C. 在三栏式账户的余额栏前，如未印明余额方向的，在余额栏内登记负数余额
   D. 根据国家统一的会计制度的规定可以用红字登记的其他会计记录
11. 记账时不得隔页、跳行登记，如果发生隔页、跳行时，不得随意涂改，而应采取的处理方法有（   ）。
   A. 应当将空行、空页划线注销，或者注明"此行空白""此页空白"字样
   B. 应将账页撕下并装入档案保存
   C. 应加盖"作废"字样
   D. 由记账人员和会计机构负责人（会计主管人员）签章
12. 在会计核算中，为保证账簿记录正确可靠，对账簿中的有关数据进行检查和核对的工作称为"对账"。对账的内容一般包括（   ）。
   A. 账证核对   B. 账账核对
   C. 账表核对   D. 账实核对
13. 更正错账的方法有（   ）。
   A. 划线更正法   B. 除9法
   C. 补充登记法   D. 红字更正法
14. 下列属于账实核对的有（   ）。
   A. 银行存款日记账与银行对账单核对
   B. 现金日记账与库存现金实有数核对
   C. 会计部门有关实物资产的明细账与财产物资保管部门的明细账定期核对
   D. 有关债权债务明细账账面余额与对方单位的账面记录核对
15. 在下列各类错账中，应采用红字更正法更正的有（   ）。
   A. 记账凭证没有错误，但账簿记录有数字错误
   B. 因记账凭证中的会计科目有错误而引起的账簿记录错误
   C. 记账凭证中的会计科目正确但所记金额大于应记金额所引起的账簿记录错误
   D. 记账凭证中的会计科目正确但所记金额小于应记金额所引起的账簿记录错误
16. 总分类账和明细分类账的平行登记，是指对所发生的每项经济业务事项都要以会计凭证为依据，一方面记入有关总分类账户，另一方面记入有关总分类账户所属明细分类账户的方法，其登记要点有（   ）。
   A. 依据相同   B. 期间相同
   C. 方向相同   D. 总账与明细账合计金额相等
17. 下列账簿中，不必每年更换新账的有（   ）。
   A. 现金日记账   B. 固定资产明细账
   C. 总账   D. 备查账簿

18. 下列有关会计账簿的更换与保管说法正确的有（   ）。
    A. 总账、日记账和多数明细账应每年更换一次
    B. 变动较小的明细账可以连续使用，不必每年更换
    C. 备查账不可以连续使用
    D. 会计账簿暂由本单位财务会计部门保管一年，期满之后，由财务会计部门编造清册移交本单位的档案部门保管
19. 账页是账簿用来记录具体经济业务的载体，其格式因记录经济业务内容不同而有所不同，但基本内容应包括（   ）。
    A. 账户名称   B. 会计凭证种类及编号
    C. 摘要栏   D. 总页次和分户页次
20. 关于登记会计账簿的基本要求，下列说法正确的有（   ）。
    A. 会计账簿登记内容包括日期、编号、业务内容摘要、金额及其有关资料等
    B. 账簿中书写的文字和数字上面要留有适当的空格，一般应占格距 2/3
    C. 在有些情况下，需要用红字进行登记
    D. 不得涂改、刮擦、挖补

判断题

1. 设置和登记账簿，是编制会计报表的基础，是连接会计凭证和会计报表的中间环节。（   ）
2. 现金和银行存款日记账可以是三栏式，也可以用多栏式账簿。（   ）
3. 新会计年度开始，账簿必须全部更换。（   ）
4. 严禁刮擦、挖补、涂改或用药水消除账簿记录。（   ）
5. 各单位应当按照国家统一的会计制度规定和会计业务的需要设置会计账簿。（   ）
6. 银行存款日记账既是序时账簿又是订本账簿。（   ）
7. 库存现金和银行存款的总分类账簿是由出纳人员根据现金和银行存款的收、付款凭证分别汇总登记的。（   ）
8. 备查账簿是对某些在序时账簿和分类账簿等主要账簿中都不予登记或登记不够详细的经济业务事项进行补充登记时使用的账簿。（   ）
9. 订本账账页预留过多，容易造成账页浪费，但不易被随意抽换。（   ）
10. 多栏式明细账一般适用于各种日记账、总分类账以及资本、债权、债务明细账户。（   ）
11. 在填制记账凭证时，误将 9 400 元记为 4 900 元，并登记入账，月终结账前发现错误，更正时应采用划线更正法。（   ）
12. 登记账簿要用蓝黑墨水书写，不得使用铅笔书写。（   ）
13. 账页的基本内容应当包括：账户的名称、登记账簿的日期栏、凭证的种类和号数栏、摘要栏、金额栏以及总页次和分户页次栏。（   ）
14. 启用会计账簿时，应当在账簿封面上写明单位名称和账簿名称，并在账簿扉页上附

启用表。   ( )

15. 年度终了,各种账户在结转下年建立新账后,由财务会计部门编造清册移交本单位的档案部门保管。   ( )

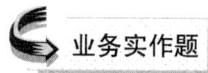
业务实作题

1. 目的:练习错账的更正方法。
2. 资料:

(1) 职员王敏出差,借支差旅费 5 000 元,用库存现金支付。编制记账凭证(表1)并据已登记入账。

表1   付 款 凭 证
贷方科目:库存现金   2019 年 10 月 12 日   凭证编号 现付字第16号

对方单位	摘要	借方科目		金 额									记账
		总账科目	明细科目	千	百	十	万	千	百	十	元	角	分	
(王敏)	预支差旅费	其他应收款	王敏				8	0	0	0	0	0	√
合 计 金 额				¥			8	0	0	0	0	0	√

会计主管:张其   稽核:刘利   记账:黄毅   出纳:李新   制单:黄毅

更正:2019 年 10 月 31 日,对账时发现错误,凭证编号为:现付字第77号(表2)。

表2   付 款 凭 证
贷方科目: 20 年 月 日   凭证编号 字第 号

对方单位	摘要	借方科目		金 额									记账
		总账科目	明细科目	千	百	十	万	千	百	十	元	角	分	
合 计 金 额													

会计主管: 稽核: 记账: 出纳: 制单:

61

（2）公司收到某购货单位偿还的前欠货款 7 200 元存入银行，编制记账凭证（表3），并据已登记入账。

表3　　　　　　　　　　　　　收　款　凭　证

借方科目：银行存款　　　　　　2019 年 10 月 23 日　　　　　　凭证编号银收字第 18 号

对方单位	摘要	贷方科目		金额										记账
		总账科目	明细科目	千	百	十	万	千	百	十	元	角	分	
（某单位）	收到前欠货款	应收账款	（某单位）				1	2	0	0	0	0		√
合　计　金　额							¥	1	2	0	0	0	0	√

会计主管：张其　　　稽核：刘利　　　记账：黄毅　　　出纳：李新　　　制单：黄毅

更正：2019 年 10 月 31 日，对账时发现错误，凭证编号为：现收字第 56 号（表4）。

表4　　　　　　　　　　　　　收　款　凭　证

借方科目：　　　　　　　　　　　20　年　月　日　　　　　　　凭证编号　字第　号

对方单位（或缴款人）	摘要	贷方科目		金额										记账
		总账科目	明细科目	千	百	十	万	千	百	十	元	角	分	
合　计　金　额														

会计主管：　　　　　稽核：　　　　　记账：　　　　　出纳：　　　　　制单：

(3) 公司行政管理部门领用 550 元 B 材料,填制凭证(见表 5)并登记入账。

表 5   转 账 凭 证
                          2019 年 10 月 25 日   凭证编号转字第53号

摘要	总账科目	明细科目	借方金额 千 百 十 万 千 百 十 元 角 分	贷方金额 千 百 十 万 千 百 十 元 角 分	记账
行政管理部门	制造费用		5 5 0 0 0		
领用原材料	原材料	B 材料		5 5 0 0 0	
合 计 金 额			¥ 5 5 0 0 0	¥ 5 5 0 0 0	

会计主管:张其   稽核:刘利   记账:李新   制单:李新

更正:2019 年 10 月 31 日,对账时发现错误,凭证编号为:转字第 136 号(表 6)。

表 6   转 账 凭 证
                            20 年 月 日   凭证编号字第 号

摘要	总账科目	明细科目	借方金额 千 百 十 万 千 百 十 元 角 分	贷方金额 千 百 十 万 千 百 十 元 角 分	记账
合 计 金 额					

会计主管: 稽核: 记账: 制单:

表 7   转 账 凭 证
                            20 年 月 日   凭证编号 字第 号

摘要	总账科目	明细科目	借方金额 千 百 十 万 千 百 十 元 角 分	贷方金额 千 百 十 万 千 百 十 元 角 分	记账
合 计 金 额					

会计主管: 稽核: 记账: 制单:

任务六 成本计算

名词解释

1. 成本计算

2. 直接材料

3. 直接人工

4. 制造费用

简答题

1. 简述材料采购成本的构成内容。

2. 简述如何进行材料采购成本的分配。

单项选择题

1. 在一定的生产和经营活动中所发生的耗费的货币表现就是（　　）。
   A. 费用　　　　　　　　　　B. 成本
   C. 支出　　　　　　　　　　D. 收入

2. 企业为增值税一般纳税人，下列不构成材料采购成本的是（　　）。
   A. 买价　　　　　　　　　　B. 支付的增值税进项税额
   C. 运杂费　　　　　　　　　D. 入库前整理挑选费用

3. 某企业为增值税一般纳税人，该企业购入甲材料600千克，每千克不含税单价为50元，发生运杂费2 000元，运输途中合理损耗10千克，入库前整理挑选费用200元，该批材料入账价值为（　　）元。
   A. 30 000　　　　　　　　　B. 32 000
   C. 32 200　　　　　　　　　D. 36 100

4. 某企业为增值税一般纳税人，购进材料一批，买价15 000元，运输费600元，入库前挑选整理费400元，增值税进项税额1 950元。该批材料采购成本是（　　）元。
   A. 16 000　　　　　　　　　B. 15 000
   C. 17 950　　　　　　　　　D. 15 600

5. 下列各项中，不应计入材料采购成本的费用是（　　）。
   A. 材料买价　　　　　　　　B. 运杂费
   C. 运输中保险费　　　　　　D. 采购员差旅费

6. 以下项目中，不属于产品成本的内容是（　　）。
   A. 管理费用　　　　　　　　B. 直接材料
   C. 生产工人工资及福利费　　D. 制造费用

7. 企业购入材料发生的运杂费等采购费用，应计入（　　）。
   A. 管理费用　　　　　　　　B. 材料采购成本
   C. 生产成本　　　　　　　　D. 销售费用

8. 某企业生产甲、乙两种产品，8 月份共发生生产工人工资 70 000 元，福利费 10 000 元。上述人工费按生产工时比例在甲、乙产品间分配，其中甲产品的生产工时为 1 200 小时，乙产品的生产工时为 800 小时，该企业生产乙产品应分配的人工费为（　　）元。

   A. 48 000 B. 32 000
   C. 42 000 D. 28 000

9. 某企业生产甲、乙两种产品，8 月份共发生制造费用 150 000 元，上述制造费用按生产工人工资比例在甲、乙产品间分配，其中甲产品的生产工人工资为 30 000 元，乙产品的生产工人工资为 20 000 元，该企业生产甲产品应分配的制造费用为（　　）元。

   A. 90 000 B. 60 000
   C. 80 000 D. 70 000

10. 某企业期初在产品 40 000 元，本月共发生生产成本 300 000 元，期末在产品为 60 000 元，则本月完工产品成本为（　　）元。

    A. 320 000 B. 300 000
    C. 290 000 D. 280 000

多项选择题

1. 成本计算就是将生产经营活动过程中所发生的各种费用，按各种不同的对象进行归集和分配，计算出各个对象的（　　）。

   A. 总费用 B. 单位费用
   C. 总成本 D. 单位成本

2. 成本计算的一般程序包括（　　）。

   A. 确定成本计算对象
   B. 确定成本计算期及成本项目
   C. 正确归集和分配各种费用
   D. 按成本计算对象开设并登记费用明细账

3. 产品制造成本项目一般分为（　　）。

   A. 直接材料 B. 直接人工
   C. 期间费用 D. 制造费用

4. 企业为增值税一般纳税人，下列各项中构成材料采购成本的有（　　）。

   A. 买价 B. 运杂费
   C. 运输途中合理损耗 D. 支付的增值税进项税额

5. 某企业为增值税一般纳税人，11 月 15 日，从某公司购入甲材料 20 千克，单价为 350 元，乙材料 30 千克，单价为 450 元，价款合计 20 500 元，增值税进项税额 2 665 元，运杂费 650 元（按材料重量比例分配），发票账单已到，款项用银行存款支付，材料尚未运到企业。该企业材料采购成本计算正确的有（　　）。

   A. 甲材料采购成本为 7 260 元 B. 甲材料采购成本为 8 170 元
   C. 乙材料采购成本为 13 890 元 D. 乙材料采购成本为 15 645 元

6. 下列各项支出中，（　　　　）应计入材料采购成本。
   A. 买价　　　　　　　　　　　B. 外购运杂费
   C. 采购人员的工资　　　　　　D. 途中合理损耗
7. 某企业为增值税一般纳税人，从某公司购入甲材料40千克，单价为200元，乙材料30千克，单价为400元，价款合计20 000元，增值税进项税额2 600元，运杂费950元（按材料买价比例分配），发票账单已到，款项用银行存款支付，材料尚未运到企业。该企业对运杂费分配计算正确的是（　　　　）。
   A. 甲材料应分配运杂费为380元　　B. 甲材料应分配运杂费为570元
   C. 乙材料应分配运杂费为380元　　D. 乙材料应分配运杂费为570元
8. 直接人工包括（　　　　）。
   A. 生产工人工资　　　　　　　B. 车间管理人员工资
   C. 行政管理人员工资　　　　　D. 生产工人福利费
9. 下列各项职工薪酬中，能够计入产品成本的有（　　　　）。
   A. 专设销售机构人员薪酬　　　B. 车间生产工人薪酬
   C. 车间管理人员薪酬　　　　　D. 企业管理部门人员薪酬
10. 下列各项中，表述正确的选项有（　　　　）。
    A. 当产品生产完成并验收入库时，借记"生产成本"账户，贷记"库存商品"账户
    B. 如果月末某种产品全部未完工，该种产品生产成本明细账所归集的费用总额，就是该种产品在产品的总成本
    C. 当产品生产完成并验收入库时，借记"库存商品"账户，贷记"生产成本"账户
    D. 完工产品成本的基本计算公式为：完工产品成本 = 期初在产品成本 + 本期发生的生产费用 − 期末在产品成本

判断题

1. 费用按一定对象（材料、产品）进行归集和分配，即构成该对象的成本。（　　）
2. 在生产经营活动中所发生的各项费用，应按照"谁受益谁承担"的原则进行归集和分配。（　　）
3. 分配间接费用的标准对成本计算的正确性影响很大，必须慎重选用。一经选用，不得变动，以保持成本计算口径的一致性。（　　）
4. 对属于几个成本计算对象的费用，应计入间接费用，按照一定的标准，在受益对象之间进行分配。（　　）
5. "生产成本"账户的贷方登记已售产品的生产成本。（　　）
6. "制造费用"是核算企业发生的间接费用，属于损益类账户。（　　）
7. 材料采购成本是由材料的买价加采购费用组成，主营业务成本是由已销产品生产成本加销售费用组成的。（　　）
8. "制造费用"账户贷方登记期末按照一定标准分配转入"生产成本"账户借方，应

计入产品成本的制造费用。 （ ）

9. "库存商品"账户借方登记验收入库的库存商品成本,贷方登记发出的库存商品成本。 （ ）

10. 生产费用是指与企业日常生产经营活动有关的费用,按其经济用途可分为直接材料、直接人工和制造费用。 （ ）

业务实作题

1. 云腾有限责任公司于 2019 年 9 月份购入甲、乙两种材料,共同发生运杂费 12 420 元,运杂费要求按甲、乙材料的买价进行分配。

要求：编制"材料采购成本计算表"。

材料采购成本计算表

编制单位：云腾有限责任公司　　　　2019 年 9 月　　　　　　　　　单位：元

材料名称	单价	重量（千克）	买价	运杂费分配率	运杂费金额	实际采购成本	单位成本
甲材料	2.40	4 000					
乙材料	3.60	5 000					
合计	—			—			—

2. 承业务实作题 1,云腾有限责任公司 9 月份生产 A、B 两种产品,生产 A 产品领用了甲材料 2 000 千克,生产 B 产品领用了乙材料 3 000 千克。A 产品期初在产品成本为 8 000 元,本月发生生产工人工资 21 600 元,月末在产品成本 3 960 元,完工产品数量 1 200 件; B 产品月初在产品成本为 6 000 元,本月发生生产工人工资 19 800 元,月末在产品成本 6 410 元,完工产品数量 2 600 件;本月两种产品共发生制造费用 22 550 元,制造费用按 A、B 产品的生产工时比例分配,A 产品的生产工时为 400 小时,B 产品的生产工时为 700 小时。

要求：编制"A、B 产品生产成本计算表"。

A、B 产品生产成本计算表

编制单位：云腾有限责任公司　　　　2019 年 9 月　　　　　　　　　单位：元

产品名称	月初在产品成本	直接材料	直接人工	制造费用分配率	应分配的制造费用	月末在产品成本	完工产品总成本	完工产品数量	单位成本
A 产品									
B 产品									
合计									

3. 承业务实作题 2,云腾有限责任公司 10 月份销售 A、B 产品。A 产品销售 840 件,B 产品销售 1 470 件。

要求： 编制"A、B产品销售成本计算表"。

A、B产品销售成本计算表

编制单位：云腾有限责任公司　　　　　2019年10月　　　　　　　　　　单位：元

产品名称	销售数量	单位成本	总成本
A产品			
B产品			
合计			

任务七　财产清查

名词解释

1. 财产清查

2. 永续盘存制

3. 实地盘存制

4. 未达账项

简答题

1. 简述库存现金清查的范围。

2. 简述"待处理财产损溢"的账户结构。

单项选择题

1. 下列情况,企业应当采用局部财产清查的是(　　)。
   A. 企业清产核资时　　　　　　　　B. 年终决算前
   C. 企业改组为股份制试点企业时　　D. 企业更换财产保管人员时

2. 下列关于结算往来款项清查的表述中，正确的是（　　）。
   A. 技术推算盘点法
   B. 函证核对法
   C. 余额调节法
   D. 实地盘点法

3. 某企业期末银行存款日记账余额为 80 000 元，银行的对账单余额为 82 425 元，对未达账项调节后的余额为 83 925 元，则该企业在银行的实有存款是（　　）元。
   A. 82 425
   B. 80 000
   C. 83 925
   D. 24 250

4. 某企业仓库本期期末盘亏原材料，查明属于一般经营损失，下列经批准后进行会计处理的分录中，正确的是（　　）。
   A. 借：待处理财产损溢
      贷：管理费用
   B. 借：营业外支出
      贷：待处理财产损溢
   C. 借：管理费用
      贷：待处理财产损溢
   D. 借：待处理财产损溢
      贷：原材料

5. 对于现金的清查，应将其结果及时填列（　　）。
   A. 盘存单
   B. 实存账存对比表
   C. 现金盘点报告表
   D. 对账单

6. 财产清查中发现的财产短缺，如果是由于工作中的收发差错，下列关于会计处理时应借记的账户中，正确的是（　　）。
   A. "本年利润"
   B. "生产成本"
   C. "营业外支出"
   D. "管理费用"

7. 企业通过实地盘点法先确定期末存货的数量，然后倒挤出本期发出存货的数量，下列选项中，反映这种处理制度的是（　　）。
   A. 权责发生制
   B. 永续盘存制
   C. 收付实现制
   D. 实地盘存制

8. 对无法查明原因的现金盘盈进行会计处理时，下列会计科目中，正确的是（　　）。
   A. "销售费用"
   B. "营业外收入"
   C. "管理费用"
   D. "其他业务收入"

9. 对盘亏的固定资产由保险公司补偿部分进行会计处理时，下列会计科目中正确的是（　　）。
   A. "制造费用"
   B. "管理费用"
   C. "其他应收款"
   D. "生产成本"

10. 某公司 9 月 30 日银行存款日记账余额为 150 万元，经逐笔核对，未达账项如下：银行已收企业未收的 3 万元，银行已付企业未付的 2 万元，调整后的银行存款余额为（　　）万元。
    A. 150
    B. 151
    C. 155
    D. 167

11. 在记账无误的情况下，银行对账单与银行存款日记账账面余额不一致的原因是存在（　　）。
    A. 应付账款
    B. 应收账款

C. 外埠存款 D. 未达账项

12. 财产清查中填制的"实存账存对比表"是（　　）。
   A. 登记总分类账的直接依据 B. 登记日记账的直接依据
   C. 调整账面记录的原始凭证 D. 调整账面记录的记账凭证

13. 下列事项中，需要对财产物资进行不定期局部清查的是（　　）。
   A. 年终决算前 B. 企业进行清产核资时
   C. 企业改变隶属关系时 D. 发生非常灾害造成财产物资损失时

14. 财产清查是指通过实地盘点、核对，确认其实存数量与价值，从而查明（　　）是否相符的方法。
   A. 账账 B. 账证
   C. 账存数与实存数 D. 账表

15. 技术推算法适用于（　　）。
   A. 水泥等价格低廉的大宗物资 B. 大型设备
   C. 运输设备 D. 应收账款

 多项选择题

1. 关于银行存款余额调节表的编制，下列项目中属于调减项目有（　　）。
   A. 企业已收银行未收 B. 企业已付银行未付
   C. 银行已收企业未收 D. 银行已付企业未付

2. 属于财产清查正确分类方法的是（　　）。
   A. 全面清查和局部清查 B. 定期清查和不定期清查
   C. 全面清查和定期清查 D. 定期清查和局部清查

3. 导致企业财产账存数与实存数不符的主要原因是（　　）。
   A. 财产物资发生自然损耗
   B. 财产物资收发计量有差错
   C. 未达账项
   D. 账簿记录重记、漏记

4. 存货在盘亏或毁损时记入"待处理财产损溢"的金额，经批准后可能会记入的科目有（　　）。
   A. 其他应收款 B. 其他应付款
   C. 营业外支出 D. 管理费用

5. 银行存款清查应根据（　　）进行核对。
   A. 银行存款余额调节表 B. 银行总分类账
   C. 银行存款日记账 D. 银行对账单

6. 属于企业进行全面清查情况的有（　　）。
   A. 单位主要负责人调离前 B. 企业合并前
   C. 关停并转前 D. 更换现金出纳前

7. 下列有关库存现金盘点清查的做法，正确的是（　　　　）。
   A. 清查方法采用实地盘点法
   B. 在盘点库存现金时，出纳人员必须在场
   C. 经领导批准，借条收据可以抵充现金
   D. 现金盘点报告表须由盘点人员和出纳人员共同签章，方能生效

8. 属于局部清查特点的有（　　　　）。
   A. 清查范围小　　　　　　　　B. 清查内容少
   C. 参与人员少　　　　　　　　D. 专业性强

9. 下列属于实物资产盘存制度的是（　　　　）。
   A. 权责发生制　　　　　　　　B. 收付实现制
   C. 实地盘存制　　　　　　　　D. 永续盘存制

10. 下列各项中，属于不定期并且全面财产清查的有（　　　　）。
    A. 企业股份制改制前　　　　　B. 单位合并、撤销以及改变隶属关系
    C. 单位主要领导调离前　　　　D. 年终结算之前

11. 关于往来款项的清查，下列说法正确的有（　　　　）。
    A. 往来款项的清查一般采用与银行对账的方式
    B. 要按每一个经济业务往来单位填制"往来款项对账单"
    C. 对方单位经过核对相符后，在回联单中加盖公章退回，表示已经核对
    D. 往来款项清查一般采用发函询证方法进行核对

12. 下列各项中，可以采用实地盘点法进行清查的有（　　　　）。
    A. 固定资产　　　　　　　　　B. 库存商品
    C. 银行存款　　　　　　　　　D. 往来款项

13. 编制银行存款余额调节表时，应调整企业银行存款日记账余额的业务有（　　　　）。
    A. 企业已收，银行未收　　　　B. 企业已付，银行未付
    C. 银行已收，企业未收　　　　D. 银行已付，企业未付

14. 银行存款日记账余额与银行对账单余额不一致，可能是（　　　　）。
    A. 银行记账有错误　　　　　　B. 企业记账有错误
    C. 双方记账均有错误　　　　　D. 存在未达账项

15. 下面各项中，符合财产清查结果要求的有（　　　　）。
    A. 及时调整账簿记录，保证账实相符
    B. 总结经验教训，建立健全各项管理制度
    C. 处理多余积压财产，清理往来款项
    D. 分析产生差异的原因和性质，提出处理意见

判断题

1. 现金清查时出纳人员不得在场，应回避。　　　　　　　　　　　　　　（　　）
2. 存货的盘亏或毁损属于自然灾害造成的，其净损失计入管理费用。　　　（　　）

3. 财产清查的定期清查可以是全面清查也可以是局部清查。　　　　　　（　　）
4. 企业对库存现金、存货、固定资产进行清查均应通过"待处理财产损溢"账户核算。
　　　　　　　　　　　　　　　　　　　　　　　　　　　　　　　　（　　）
5. 对于查出的未达账项，企业应根据"银行存款余额调节表"及时调整账簿记录。
　　　　　　　　　　　　　　　　　　　　　　　　　　　　　　　　（　　）
6. 所有的未达账项已进行调整而银行存款余额调节表仍然不平，则说明银行和企业一方或双方记账有错误。　　　　　　　　　　　　　　　　　　　（　　）
7. 进行财产清查时，如发现账存数小于实存数，即为盘亏。　　　　　（　　）
8. "待处理财产损溢"账户是属于双重性质的资产类账户。　　　　　（　　）
9. 在财产清查的过程中，应根据银行存款余额调节表和财产物资清查盘存单调整账面记录。　　　　　　　　　　　　　　　　　　　　　　　　　　　（　　）
10. "待处理财产损溢"账户，借方登记盘盈数，贷方登记盘亏毁损数。（　　）
11. 清查盘点现金时，用的是账账核对法。　　　　　　　　　　　　（　　）
12. 企业主要采用与银行核对账目的方法进行银行存款清查。　　　　（　　）
13. "待处理财产损溢"账户下设"待处理流动资产损溢"和"待处理非流动资产损溢"两个明细账户。　　　　　　　　　　　　　　　　　　　　　　（　　）
14. 未达账项是指银行已经记账，而企业因未接到有关凭证而尚未记账的款项。（　　）
15. 从财产清查的对象和范围看，全面清查只能在年终进行。　　　　（　　）

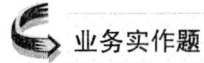

业务实作题

1. 云腾有限责任公司2019年9月30日银行存款日记账的余额为70 000元，银行转来对账单的余额为84 000元。经逐笔核对，发现以下未达账项：

（1）银行代公司支付水费2 000元，公司尚未记账。
（2）银行为公司代收销货款26 000元，公司尚未记账。
（3）银行代付电费500元，公司尚未记账。
（4）公司开出现金支票预付差旅费600元，持票人尚未到银行提取现金。
（5）公司开出转账支票2 500元支付培训费，银行尚未记账。
（6）公司收转账支票12 600元，已入账，尚未将支票送存银行。

要求：根据上述资料编制云腾公司9月份的"银行存款余额调节表"。

银行存款余额调节表

2019 年 9 月 30 日　　　　　　　　　　　　　　　　　　　　　单位：元

项　　目	金额	项　　目	金额
银行存款日记账余额 加：银行已收，企业未收 减：银行已付，企业未付		银行对账单余额 加：企业已收，银行未收 减：企业已付，银行未付	
调节后存款余额		调节后存款余额	

2. 云腾有限责任公司9月30日对库存现金、存货和固定资产进行清查，发现有关情况如下：

（1）库存现金账面余额为1 975元，实存金额为2 100元。经反复核查，上述现金长款原因不明。

（2）甲材料账面结存数量2 000千克，实际单位成本45元，实存2 040千克，经查属于材料收发计量方面的错误。

（3）乙材料账面结存数量4 600千克，实际单位成本28元，实存4 290千克。经查属于一般经营损失。假定不考虑相关税费。

（4）清查中发现毁损丙材料70千克，实际单位成本为80元。经查属于材料保管员的过失造成的，按规定由其个人赔偿3 000元，残料已办理入库手续，价值600元。假定不考虑相关税费。

（5）盘亏设备一台，账面原价为85 000元，已提折旧为25 500元。经批准同意转销处理。

要求：编制公司在上述财产清查中批准处理前后的的会计分录。

题　号	审批前	审批后
（1）		
（2）		

续表

题 号	审批前	审批后
(3)		
(4)		
(5)		

任务八 编制财务会计报告

# 名词解释

1. 财务会计报告

2. 资产负债表

3. 利润表

4. 现金流量表

5. 所有者权益变动表

简答题

1. 简述财务报表列报的基本要求。

2. 简述营业利润、利润总额以及净利润的计算方法。

单项选择题

1. 在下列各个财务报表中，属于企业对外提供的静态报表是（   ）。
   A. 利润表　　　　　　　　　　B. 所有者权益变动表
   C. 现金流量表　　　　　　　　D. 资产负债表
2. 中期账务报告可以不提供的报表是（   ）。
   A. 资产负债表　　　　　　　　B. 利润表
   C. 所有者权益变动表　　　　　D. 现金流量表
3. 下列各项中，不属于企业财务会计报告组成部分的是（   ）。
   A. 旬报　　　　　　　　　　　B. 月报
   C. 半年报　　　　　　　　　　D. 季报
4. 在资产负债表中，资产是按照（   ）排列的。
   A. 清偿时间的先后顺序　　　　B. 会计人员的填写习惯

  C. 金额大小   D. 流动性大小

5. 按照我国的会计准则，资产负债表采用的格式是（　　）。
  A. 单步报告式   B. 多步报告式
  C. 账户式   D. 混合式

6. 以"资产＝负债＋所有者权益"这一会计等式作为编制依据的财务报表是（　　）。
  A. 利润表   B. 所有者权益变动表
  C. 资产负债表   D. 现金流量表

7. 反映企业某一特定日期财务状况的会计报表是（　　）。
  A. 资产负债表   B. 现金流量表
  C. 基本会计报表   D. 基本会计报表及附注

8. 在资产负债表中，资产按照其流动性排列时，下列排列方法正确的是（　　）。
  A. 存货、无形资产、货币资金、交易性金融资产
  B. 交易性金融资产、存货、无形资产、货币资金
  C. 无形资产、货币资金、交易性金融资产、存货
  D. 货币资金、交易性金融资产、存货、无形资产

9. 资产负债表左方的资产项目排列标准是（　　）。
  A. 重要性原则，即重要项目排在前面，次要项目排在后面
  B. 债务清查的先后顺序，即短期债务排在前面，长期债务排在后面
  C. 流动性大小，即流动性大的排在前面，流动性小的排在后面
  D. 金额的大小，即金额小的排在前面，金额大的排在后面

10. 资产负债表中所有者权益各项目自上而下的排列顺序是（　　）。
  A. 盈余公积、资本公积、未分配利润、实收资本
  B. 实收资本、盈余公积、资本公积、未分配利润
  C. 资本公积、盈余公积、未分配利润、实收资本
  D. 实收资本、资本公积、盈余公积、未分配利润

11. 下列资产中，在资产负债表中左方排在最前面的是（　　）。
  A. 货币资金   B. 其他应收款
  C. 应收票据   D. 存货

12. 资产负债表中的"存货"项目，应根据（　　）。
  A. "存货"账户的期末借方余额直接填列
  B. "原材料"账户的期末借方余额直接填列
  C. "原材料""生产成本"和"库存商品"等账户期末借方余额之和减去"存货跌价准备"等账户期末余额后的金额填列
  D. "原材料""工程物资"和"库存商品"等账户期末借方余额之和填列

13. 下列各项中不应列示在资产负债表流动资产部分的是（　　）。
  A. 货币资金   B. 应收账款
  C. 预付账款   D. 在建工程

14. 某企业"原材料"期末余额 100 000 元，"生产成本"期末余额 50 000 元，"库存商品"期末余额 120 000 元，"存货跌价准备"期末余额 10 000 元。则资产负债表"存货"项

目应填列的是（　　）元。

　　A. 300 000　　　　　　　　　　B. 260 000
　　C. 280 000　　　　　　　　　　D. 270 000

15. 12月31日，某企业"固定资产"总账借方余额300万元，"累计折旧"总账贷方余额40万元，"固定资产减值准备"总账贷方余额10万元，则资产负债表"固定资产"项目应填列的金额为（　　）万元。

　　A. 300　　　　　　　　　　　　B. 260
　　C. 250　　　　　　　　　　　　D. 290

16. 为了具体反映利润的形成情况，我国现行利润表的结构一般采用（　　）报告结构。

　　A. 单步式　　　　　　　　　　B. 多步式
　　C. 账户式　　　　　　　　　　D. 报告式

17. 编制财务报表时，以"收入－费用＝利润"这一会计等式作为编制依据的财务报表是（　　）。

　　A. 利润表　　　　　　　　　　B. 所有者权益变动表
　　C. 资产负债表　　　　　　　　D. 现金流量表

18. 下列各项中，不会影响营业利润金额增减的项目是（　　）。

　　A. 资产减值损失　　　　　　　B. 财务费用
　　C. 投资收益　　　　　　　　　D. 营业外收入

19. 多步式利润表中的利润总额是以（　　）为基础来计算的。

　　A. 营业收入　　　　　　　　　B. 营业成本
　　C. 投资收益　　　　　　　　　D. 营业利润

20. 某企业本月主营业务收入为1 000 000元，其他业务收入为80 000元，营业外收入为90 000元，主营业务成本为760 000元，其他业务成本为50 000元，税金及附加为30 000元，营业外支出为75 000元，管理费用为40 000元，销售费用为30 000元，财务费用为15 000元，所得税费用为75 000元。则该企业本月营业利润为（　　）元。

　　A. 170 000　　　　　　　　　　B. 155 000
　　C. 25 000　　　　　　　　　　　D. 80 000

多项选择题

1. 按我国企业会计制度规定，企业对外提供的年度财务会计报告应包括（　　）等。

　　A. 资产负债表　　　　　　　　B. 利润表
　　C. 会计报表附注　　　　　　　D. 现金流量表

2. 单位编制财务会计报告的主要目的，就是为（　　）和社会公众等财务会计报告的使用者进行决策提供会计信息。

　　A. 投资者　　　　　　　　　　B. 债权人
　　C. 政府及相关机构　　　　　　D. 单位管理人员

3. 下列资产负债表项目中，（　　　　）需要根据其明细账户余额计算填列。
   A. 应收账款　　　　　　　　　　B. 应收票据
   C. 应付账款　　　　　　　　　　D. 货币资金

4. 资产负债表中的"货币资金"项目，应根据（　　　　）账户期末余额的合计数填列。
   A. "备用金"　　　　　　　　　　B. "其他货币资金"
   C. "银行存款"　　　　　　　　　D. "库存现金"

5. 资产负债表中，"预收款项"项目应根据（　　　　）总分类账户所属各明细分类账户期末贷方余额合计填列。
   A. "预付账款"　　　　　　　　　B. "应收账款"
   C. "应付账款"　　　　　　　　　D. "预收账款"

6. 资产负债表中的"存货"项目反映的内容包括（　　　　）。
   A. 在途物资　　　　　　　　　　B. 委托加工物资
   C. 周转材料　　　　　　　　　　D. 生产成本

7. 资产负债表中"应收账款"项目应根据（　　　　）之和减去"坏账准备"账户中有关应收账款计提的坏账准备期末余额填列。
   A. "应收账款"账户所属明细账户的借方余额
   B. "应收账款"账户所属明细账户的贷方余额
   C. "应付账款"账户所属明细账户的贷方余额
   D. "预收账款"账户所属明细账户的借方余额

8. 编制资产负债表时，需根据有关总账科目期末余额分析、计算填列的项目有（　　　　）。
   A. 货币资金　　　　　　　　　　B. 预付款项
   C. 未分配利润　　　　　　　　　D. 短期借款

9. 资产负债表正表的格式，国际上通常有（　　　　）。
   A. 单步式　　　　　　　　　　　B. 多步式
   C. 账户式　　　　　　　　　　　D. 报告式

10. 下列各项中，（　　　　）列在资产负债表的左方。
    A. 固定资产　　　　　　　　　　B. 无形资产
    C. 长期股权投资　　　　　　　　D. 流动资产

11. 下列各项中，（　　　　）属于企业资产负债表提供的信息。
    A. 企业资产的构成及其状况　　　B. 企业的负债总额及其结构
    C. 企业利润的形成情况　　　　　D. 企业所有者权益情况

12. 利润表中的"营业成本"项目填列所依据的是（　　　　）。
    A. "营业外支出"发生额　　　　　B. "主营业务成本"发生额
    C. "其他业务成本"发生额　　　　D. "税金及附加"发生额

13. 下列属于利润表提供的信息有（　　　　）。
    A. 实现的营业收入　　　　　　　B. 发生的营业成本
    C. 营业利润　　　　　　　　　　D. 企业的利润或亏损总额

14. 下列各项中，影响营业利润的账户有（　　）。
    A."主营业务收入" B."其他业务成本"
    C."营业外支出" D. 资产处置损益
15. 下列各项，影响企业利润总额的有（　　）。
    A. 资产减值损失 B. 公允价值变动损益
    C. 所得税费用 D. 营业外支出

判断题

1. 在企业财务会计报告体系中，最核心的内容是会计报表。（　）
2. 资产负债表反映企业一定期间的财务状况。（　）
3. 资产负债表中"固定资产"项目应根据"固定资产"账户余额直接填列。（　）
4. 资产负债表中"货币资金"项目，应根据"银行存款"账户的期末余额填列。（　）
5. 实际工作中，为使会计报表及时报送，企业可以提前结账。（　）
6. 资产负债表和利润表都是根据有关账户的本期发生额填列的。（　）
7. 利润表是反映企业一定日期经营成果的财务报表。（　）
8. 利润表中"营业成本"项目，反映企业销售产品和提供劳务等主要经营业务的各项销售费用和实际成本。（　）
9. 企业的"库存商品""原材料""周转材料"科目期末如果有余额应该在资产负债表"存货"项目中反映。（　）
10. 利润表属于动态会计报表。（　）
11. 营业利润是以主营业务利润为基础，加上其他业务利润，减去销售费用、管理费用和财务费用，再加上营业外收入减去营业外支出计算出来的。（　）
12. 在资产负债表中，"短期借款"项目应根据"短期借款"科目总账余额直接填列。（　）
13. 利润表的格式主要有多步式和单步式两种，我国采用多步式。（　）
14. 资产负债表各项的期末数额，根据总账和有关明细账的期末余额直接填列。（　）
15. 资产负债表中"应收账款"项目，应根据"应收账款"账户所属各明细账户的期末借方余额合计填列。如"预付账款"账户所属有关明细账户有借方余额的，也应包括在本项目内。（　）

业务实作题

1. A公司编制2019年资产负债表，部分账户期末余额如下
（1）"应收账款-A公司"及"应收账款-B公司"账户余额分别为30万元（借方）和10万元（借方），其中"应收账款-A公司"计提3万元坏账准备。"预收账款-C公

司"账户余额为5万元（借方）。

（2）"应付利息"账户余额为8万元（贷方），"应付股利"账户余额为2万元（贷方），"其他应付款"账户余额为1万元（贷方）。

（3）"固定资产"账户余额为100万元（借方），"累计折旧"账户余额为40万元（贷方）、"固定资产减值准备"账户余额为10万元（贷方），"固定资产清理"账户余额为5万元（借方），"在建工程"账户余额为60万元（借方），"工程物资"账户余额为20万元（借方）。

要求：根据上述账户期末余额，计算"应收账款""其他应付款""在建工程""固定资产"四个项目应该填列的数额。（要求写出计算过程）

①应收账款 =

②其他应付款 =

③在建工程 =

④固定资产 =

2. 某公司2019年6月30日有关账户余额如下：（单位：元）

账户	余额 借方	余额 贷方	账户	余额 借方	余额 贷方
库存现金	1 000		固定资产	50 000	
银行存款	20 000		累计折旧		10 000
其他货币资金	5 000		无形资产	60 000	
原材料	13 000		本年利润		4 000
生产成本	6 050		利润分配 未分配利润 应付利润		
库存商品	37 000				
存货跌价准备		4 000			
应收账款——甲公司 ——乙公司	75 000	30 000	应付账款——丙公司 ——丁公司	2 000	8 000
预付账款——A公司 ——B公司 ——C公司	3 500	6 400 2 300	预收账款——D公司 ——E公司 ——F公司	7 000	5 000 8 000

要求：根据上述资料计算下列资产负债表中的有关项目金额：货币资金、存货、应收账款、预收账款、应付账款、预付账款。

①货币资金 =

②存货 =

③应收账款 =

④预收账款 =

⑤应付账款 =

⑥预付账款 =

3. 某公司2019年5月损益类账户发生额资料如下表所示：

科目名称	借方发生额	贷方发生额
主营业务收入		365 000
其他业务收入		10 000
主营业务成本	217 000	
其他业务成本	8 000	
税金及附加	3 600	
销售费用	21 000	
管理费用	44 400	
财务费用	12 450	
投资收益		15 450
资产处置损益		20 000
营业外收入		15 000
营业外支出	5 910	

该公司已将各项收入、费用从相关账户结转入"本年利润"账户。

要求：根据上表，计算该公司5月的营业利润、利润总额、净利润（所得税税率25%）。

①营业利润 =

②利润总额 =

③净利润 =

4. A公司所得税税率25%，该公司2019年1月至11月损益类账户累计发生额和12月损益关账户发生额如下：

账户名称	1-11月累计发生额		12月发生额	
	借方	贷方	借方	贷方
主营业务收入		1 200 000		200 000
其他业务收入		500 000		10 000
营业外收入		10 000		1 000
投资收益		80 000		10 000
资产处置损益		5 000		8 000
主营业务成本	750 000		60 000	
其他业务成本	300 000		6 000	
销售费用	200 000		7 000	
管理费用	100 000		5 000	
研发费用	50 000		10 000	
财务费用	5 000		1 000	
税金及附加	20 000		2 000	
营业外支出	6 000		1 000	
资产减值损失	20 000		5 000	

要求：计算2019年该公司利润表中相关项目的金额
①营业收入 =（　　　　）元　　②营业成本 =（　　　　）元
③营业利润 =（　　　　）元　　④利润总额 =（　　　　）元
⑤所得税 =（　　　　）元　　⑥净利润 =（　　　　）元

模块三 *Part 3*
账务处理程序

 名词解释

1. 账务处理程序

2. 记账凭证账务处理程序

3. 科目汇总表账务处理程序

4. 汇总记账凭证账务处理程序

简答题

1. 简述会计账务处理程序的种类。

2. 简述记账凭证账务处理程序的步骤。

单项选择题

1. 最基本的账务处理程序是（   ）。
   A. 记账凭证账务处理程序   B. 科目汇总表账务处理程序
   C. 汇总记账凭证账务处理程序   D. 多栏式日记账账务处理程序
2. 规模较小、业务较少的单位适用于（   ）。
   A. 记账凭证账务处理程序   B. 科目汇总表账务处理程序
   C. 汇总记账凭证账务处理程序   D. 多栏式日记账账务处理程序
3. 记账凭证账务程序与其他账务程序不同之处是（   ）。
   A. 根据记账凭证逐笔登记现金日记账
   B. 根据记账凭证逐笔登记银行存款日记账

C. 根据记账凭证逐笔登记各种明细账

D. 根据记账凭证逐笔登记总账

4. 在会计核算中,填制和审核会计凭证,根据会计凭证登记账簿,根据账簿记录编制会计报表,这个过程的步骤以及三者的结合方式是( )。

  A. 会计凭证传递   B. 会计账簿组织

  C. 会计工作组织   D. 账务处理程序

5. 记账凭证账务处理程序的优点是( )。

  A. 简单明了   B. 减少了登记总分类账的工作量

  C. 有利于会计核算的日常分工   D. 便于核对账目和试算平衡

6. 记账凭证账务处理程序不适合下列( )单位采用。

  A. 规模较小的   B. 经济业务量较小的

  C. 规模较大的,经济业务量较多的   D. 需编制的记账凭证不是很多的

7. 科目汇总表账务处理程序和汇总记账凭证账务处理程序的主要相同点是( )。

  A. 记账凭证汇总的方法相同   B. 登记总账的依据相同

  C. 会计凭证的种类相同   D. 都减轻了登记总账的工作量

8. 科目汇总表账务处理程序登记总账的直接依据是( )。

  A. 各种记账凭证   B. 科目汇总表

  C. 汇总记账凭证   D. 多栏式日记账

9. 科目汇总表账务处理程序的缺点是( )。

  A. 增加了登记总分类账的工作量   B. 不能进行试算平衡

  C. 不能反映账户对应关系   D. 会计科目数量受限制

10. 下列各项中,属于科目汇总表账务处理程序优点的是( )。

  A. 详细反映经济业务的发生情况   B. 可以做到试算平衡

  C. 便于了解账户之间的对应关系   D. 便于查对账目

11. 下列各项中,属于科目汇总表汇总范围的是( )。

  A. 全部科目的借、贷方余额

  B. 汇总收款凭证、汇总付款凭证、汇总转账凭证的合计数

  C. 全部科目的借、贷方发生额和余额

  D. 全部科目的借、贷方发生额

12. 汇总记账凭证账务处理程序,一般适用的单位是( )。

  A. 经济业务简单的单位   B. 规模较大业务复杂的单位

  C. 经营规模较小的单位   D. 经济业务较少的单位

13. 下列不属于汇总记账凭证的是( )。

  A. 汇总收款凭证   B. 汇总付款凭证

  C. 汇总转账凭证   D. 三栏式凭证

14. 汇总记账凭证账务处理程序的优点是( )。

  A. 有利于会计核算的日常分工   B. 便于了解账户之间的对应关系

  C. 手续简便   D. 便于试算平衡

15. 下列各项中,不能反映各账户间的对应关系,不便于分析经济业务的来龙去脉,不

便于查对账目的是（　　）。

　　A. 记账凭证账务处理程序　　　　B. 科目汇总表账务处理程序
　　C. 日记总账账务处理程序　　　　D. 汇总记账凭证账务处理程序

16. 常见的三种账务处理程序中，编制会计报表的依据是（　　）。

　　A. 日记账、总账和明细账　　　　B. 日记账和明细账
　　C. 明细账和总分类账　　　　　　D. 日记账和总分类账

17. 各种账务处理程序的主要区别在于（　　）。

　　A. 会计凭证的种类不同　　　　　B. 登记总分类账的依据和方法不同
　　C. 登记明细分类账的依据和方法不同　D. 登记日记账的依据和方法不同

18. 在各种账务处理程序中相同的是（　　）。

　　A. 登记总账的依据　　　　　　　B. 登记明细账的依据
　　C. 账务处理的程序　　　　　　　D. 优缺点及适应范围

19. 不能够简化登记总账工作量的账务处理程序是（　　）。

　　A. 记账凭证账务处理程序　　　　B. 科目汇总表账务处理程序
　　C. 汇总记账凭证账务处理程序　　D. 多栏式日记账账务处理程序

20. 下列各项中，属于汇总记账凭证的编制依据的是（　　）。

　　A. 记账凭证　　　　　　　　　　B. 原始凭证
　　C. 原始凭证汇总表　　　　　　　D. 各种总账

多项选择题

1. 记账凭证账务处理程序、科目汇总表账务处理程序、汇总记账凭证账务处理程序登记总账的直接依据分别是（　　）。

　　A. 日记账　　　　　　　　　　　B. 记账凭证
　　C. 汇总记账凭证　　　　　　　　D. 科目汇总表

2. 下列各项中，在记账凭证账务处理程序下应设置的有（　　）。

　　A. 收款付款转账凭证或通用记账凭证　B. 总分类账和若干明细分类账
　　C. 科目汇总表或汇总记账凭证　　D. 现金和银行存款日记账

3. 记账凭证账务处理程序需要设置的凭证有（　　）。

　　A. 收款凭证　　　　　　　　　　B. 科目汇总表
　　C. 付款凭证　　　　　　　　　　D. 转账凭证

4. 下列各项中，属于记账凭证账务处理程序内容的有（　　）。

　　A. 逐笔登记总账　　　　　　　　B. 编制科目汇总表
　　C. 填制记账凭证　　　　　　　　D. 登记明细分类账

5. 根据总账的登记依据对账务处理程序进行分类，下列各项中，正确的有（　　）。

　　A. 汇总记账凭证账务处理程序　　B. 一般账务处理程序
　　C. 科目汇总表账务处理程序　　　D. 记账凭证账务处理程序

6. 下列各项中，能够起到简化登记总分类账工作的账务处理程序有（　　）。

A. 汇总记账凭证账务处理程序　　　　B. 科目汇总表账务处理程序
C. 总账账务处理程序　　　　　　　　D. 记账凭证账务处理程序

7. 下列关于记账凭证账务处理程序的表述中，不正确的有（　　　）。
   A. 根据记账凭证逐笔登记总分类账　　B. 登记总分类账的工作量较大
   C. 适用于规模较大的单位　　　　　　D. 适用于经济业务量较多的单位

8. 下列关于科目汇总表账务处理程序与汇总记账凭证账务处理程序共同之处的表述中，正确的有（　　　）。
   A. 可以进行发生额试算平衡　　　　　B. 可以减少总分类账登记工作量
   C. 都适用于规模较大的企业　　　　　D. 可以保持会计科目之间对应关系

9. 下列各项中，属于我国常用账务处理程序的有（　　　）。
   A. 总账账务处理程序　　　　　　　　B. 科目汇总表账务处理程序
   C. 汇总记账凭证账务处理程序　　　　D. 记账凭证账务处理程序

10. 下列各项中，不能作为科目汇总表编制依据的有（　　　）。
    A. 记账凭证　　　　　　　　　　　　B. 原始凭证
    C. 明细分类账　　　　　　　　　　　D. 各种总账

11. 下列各项中，不属于科目汇总表账务处理程序优点的有（　　　）。
    A. 便于反映各账户之间的对应关系　　B. 便于进行试算平衡
    C. 简单明了　　　　　　　　　　　　D. 能简化登记总账的工作量

12. 下列各项中，为汇总记账凭证账务处理程序特别设置的凭证有（　　　）。
    A. 汇总原始凭证　　　　　　　　　　B. 汇总收款凭证
    C. 汇总付款凭证　　　　　　　　　　D. 汇总转账凭证

13. 下列各项中，属于汇总记账凭证账务处理程序优点的有（　　　）。
    A. 便于会计核算的日常分工　　　　　B. 便于了解账户之间的对应关系
    C. 减轻了登记总账的工作量　　　　　D. 便于试算平衡

14. 汇总记账凭证账务处理程序，适用于（　　　）。
    A. 经济业务简单的单位　　　　　　　B. 经济业务复杂的单位
    C. 经营规模较大的单位　　　　　　　D. 经济业务较少的单位

15. 下列关于账务处理程序的表述，正确的有（　　　）。
    A. 汇总记账凭证账务处理程序便于核对账目，利于会计工作的合理分工
    B. 记账凭证账务处理程序一般适用于经济业务较多的单位
    C. 汇总记账凭证账务处理程序反映了有关账户之间的对应关系
    D. 科目汇总表账务处理程序一般适用于经营规模较大、经济业务量较多的单位

判断题

1. 记账凭证账务处理程序因为不存在编制科目汇总表或汇总记账凭证的程序，故对于业务量小的企业而言，最为适用。（　　　）

2. 所有的账务处理程序的主要区别在于登记总账账簿的依据和方法不同。（　　　）

3. 科目汇总表账务处理程序适合于经济业务较少的单位。　　　　　（　）
4. 各种账务处理程序下，会计报表的编制方法都是相同的。　　　　（　）
5. 科目汇总表的编制方法是，根据一定时期内的全部记账凭证，按照会计科目进行归类，定期汇总出每一个账户的借方发生额和贷方发生额，填写在科目汇总表相关栏内。（　）
6. 科目汇总表账务处理程序不能反映各科目的对应关系，不便于查对账目，但汇总记账凭证账务处理程序可以克服科目汇总表账务处理程序的这个缺点。　　（　）
7. 汇总记账凭证会计处理程序，可以减少登记总分类账的工作量，但不便于了解账户之间的对应关系。　　　　　　　　　　　　　　　　　　　　　　（　）
8. 科目汇总表账务处理程序是以科目汇总表作为登记总账的依据。　（　）
9. 记账凭证账务处理程序中，企业只能根据原始凭证编制收款凭证、付款凭证和转账凭证。　　　　　　　　　　　　　　　　　　　　　　　　　　　　（　）
10. 我国企业常用的三种账务处理程序中，汇总记账凭证账务处理程序是最基本的账务处理程序。　　　　　　　　　　　　　　　　　　　　　　　　　（　）
11. 账务处理程序，是指会计凭证、会计账簿和财务报表相结合的方式。（　）
12. 各种账务处理程序中，科目汇总表账务处理程序是最基本的账务处理程序。（　）

 图表题

1. 请填制科目汇总表账务处理程序工作流程图中所空内容。

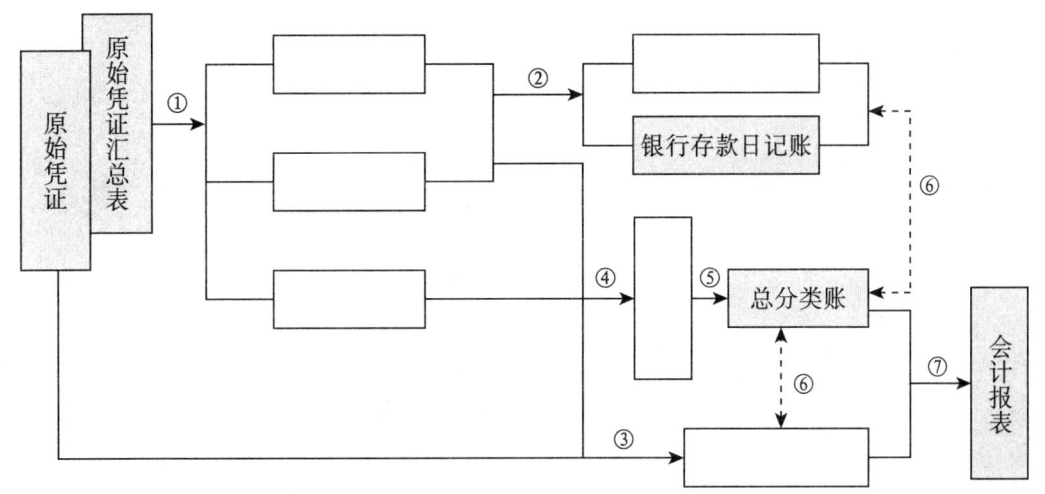

科目汇总表账务处理程序流程图

2. 请填制账务处理程序对比表中相关内容。

账务处理程序对比表

内　容	记账凭证账务处理程序	科目汇总表账务处理程序	汇总记账凭证账务处理程序
记账凭证的选择			
登记总账的依据			
优　点			
缺　点			
适用范围